小镇人天

——生活美学的乡村振兴

● 主编 刘悦笛

江苏凤凰美术出版社

图书在版编目（CIP）数据

小镇大美：生活美学的乡村振兴 / 刘悦笛主编 .--
南京：江苏凤凰美术出版社，2023.6（2023.7 重印）
ISBN 978-7-5741-0866-0

Ⅰ.①小… Ⅱ.①刘… Ⅲ.①乡镇 – 中国 – 画册
Ⅳ.① K928.5-64

中国国家版本馆 CIP 数据核字（2023）第 027484 号

出版统筹　王林军
责任编辑　舒金佳
设计指导　曲闵民
责任监印　张宇华
责任校对　吕猛进
责任设计编辑　赵　秘

书　　名　小镇大美——生活美学的乡村振兴
主　　编　刘悦笛
出版发行　江苏凤凰美术出版社（南京市湖南路 1 号　邮编：210009）
制　　版　南京新华丰制版有限公司
印　　刷　三河市兴国印务有限公司
开　　本　889mm×1194mm　1/24
印　　张　9.67
版　　次　2023 年 6 月第 1 版　2023 年 7 月第 2 次印刷
标准书号　ISBN 978-7-5741-0866-0
定　　价　38.00 元

营销部电话　025-68155675　营销部地址　南京市湖南路 1 号
江苏凤凰美术出版社图书凡印装错误可向承印厂调换

让"生活美学"落户小镇乡村

2021 年 10 月 17 日，由国家发改委参与主办的第六届安仁论坛在成都市安仁古镇举行，论坛以"新发展格局下的乡村振兴"为主题。其中，第三届"小镇美学榜样"发布系列活动"再度描摹中国乡村""小镇里的三生融合之美"，成为本次论坛的热点。"发现小镇之美"的微博，经过新华社官网转发几个小时后，就有 400 多万的点击量，足见民众对于"小镇美学"的关注度。

作为"小镇美学榜样"评选的策划人与总评委，我先来介绍一下这个评选的基本情况："小镇美学榜样"征集与发布活动创立于 2019 年，作为关注新型城镇化和乡村振兴的"安仁论坛"重要组成部分，3 年来产生了巴彦浩特、龙脊、莫沟、霞浦、青田、白箬铺、安吉桃花源、南岸美村等 30 个"小镇美学榜样"。该活动由中华文化促进会联合学术机构、高等院校和媒体等共同发起，意在响应国家乡村振兴战略，遵从"生态和谐、以人为本、既小且美、创造标准"的宗旨，用美学为代表的内生文化力量倡扬小而美的乡村、小镇发展方向，推动共同富裕的最终实现。

第二届"小镇美学榜样"以"小而精·健康美"为主题，遵循"生态和谐、以人为本、既小且美、创造标准"的宗旨，遴选更加关注健康旅行的融合、健康居住等方面的项目及案例，希望本次活动能为后疫情时代的小镇发展提供有益的启示和帮助。实际上，"健康美"是与"小而精"相匹配的，摒弃低质量、单纯追求规模和速度的粗放模式，体现的是一种更加人本的、健康和谐的美学理念。在建设实践中，重点转向对生态的维护、康养产业的建设、对居民的身心关怀等，这也是中国美学精神和古典智慧在城乡建设中的复兴。

第三届"小镇美学榜样"以"美，向着共同富裕"为主题，关注新时期中国农村的乡建进程，从生态乡建、社区乡建、文化乡建、艺术乡建、产业乡建等不同维度发现蕴藏和升腾在小镇、乡村的生活美学、生产美学和生态美学。

"小镇美学榜样"的申报主体是开放的，评选活动并没有区分特色小镇、美丽乡村与田园综合体，我们是在广义上使用"小镇"一语的，目的是在如今"千城一面"的窘境之下，预防在乡村振兴的热潮当中，会出现"千镇一面""万乡一面"的消极后果。与其他任何评选明显不同，"小镇美学榜样"评选是让"生活美学"在乡村小镇得以落地的大事。我们试图逐步建立小镇美学考评体系，推动美丽乡村、特色小镇的"小而美"，实现差异化可持续发展，从而以"生活美学"确立"中国小镇美学"的考评标准。

当前乡村小镇的改造建设取得了相当的成绩，但也出现了若干值得关注的问题：一些地方以工业化思维进行改造开发，将城市生活模式照搬到乡镇，破坏了原有的生活习惯、聚落形态和自然风貌，甚至对当地生态环境和人际关系产生了负面影响。尤其是以文旅开发为主导的特色小镇，容易出现以商业文化驱逐本地文化的问题。大型建筑拔地而起，景观设计突兀生硬，原住民被驱赶出原来的生活空间，只留下旅游商品的空间。出现这些问题的重要原因在于：小镇的规划者、建设者缺乏必要的审美感受力，对于何为美、何为特色没有准确的认识。

所以说，小镇美学榜样评选活动，致力于从"以人为本"和"生态和谐"的角度，正在建立小镇美学的考评体系。在首届获奖的小镇当中，广西龙脊小镇以梯田串联起特色农业、少数民族文化和现代旅游，呈现出一种具有示范性的人文与生态和谐；四川安仁古镇充分挖掘其文化资源，建设全国知名的博物馆聚落，开创"文博 + 文创 + 文旅"融合发展新范式。这些"小镇美学榜样"都在文化保存与现代性转化上实现了较好的平衡，在保持原有生活形态和文化传统的前提下，运用现代手段进行环境美化、景观建造，同时提升了当地民众的生活品质。

　　"小镇美学榜样"评选围绕城乡融合的成功经验与模式，组织样本的实地考察，以"文化""规划""产业""传播"四大板块，来考评整个小镇整体的城镇化改造的实效。第一是文化板块，权重比为30%，其中百分比分配如下：1. 小镇主题占20分，除了主题词之外，副主题词包括人文生态、传统保护、文化创新和市场转化；2. 人文生态占30分；3. 文化挖掘占25分；4. 保护应用占25分。第二是规划板块，权重比为35%，其中包括：1. 总体规划占30分；2. 形象设计占30分；3. 公共空间占25分；4. 多媒体传播占15分。第三是产业板块，权重比为20%，其中包括：1. 特色产业占40分；2. 文旅产业占30分；3. 主题活动占30分。第四是传播板块，权重比为15%，其中包括：1. 宣传影像占40分；2. 传播路径占20分；3. 影响反馈占40分。从第一届开始，我们就邀请了清华大学、北京大学、同济大学等高校的美学专家、国际美学机构、小镇产业机构、专业媒体等代表组成评委会，以"生活美学"为核心标准，从以上的四个方面对参与的案例进行综合考评。

　　实际上，乡村与小镇的美学，追求的乃是"小而美"的美学，而不是"大而全"的美学。每一处的小镇与乡村都应该找到具有土著性的生活方式与文化情境，从自然的水、森、田、湖、草、海到环境、建筑、景观，注重的是一种没有工业气息的融景与融艺。其中，最核心的还是让这些外在的改造与民众的乡土生活之间形成血脉相通的关联，只有这样的乡村小镇才是"活的"且是"美的"。

　　我们觉得这些"小镇美学榜样"不一定是独一无二的，而是希望它们具有一种范例的性质，从而描画出东西南北中的中国小镇美学地图。以第一届小镇美学奖的获奖主体为例：霞浦县以滩涂为代表的在地文化对区域有良好的驱动作用，体现了生态与产业的和谐发展；阿拉善巴彦浩特小镇通过与中央美术学院专业艺术院校的创新合作，在大漠戈壁上创造出一种崭新的、内在的、具有示范性的发展模式；甘坑客家小镇在保护和传扬本地客家文化的基础上，开创性地进行非遗文化的 IP 打造，营造出温馨、活泼又富含现代气息的生活栖居和旅行体验。

我始终认为：中国成功的美学小镇一定是生活的、生态的和生产的小镇，也就是所谓的"三生的小镇"。首先，小镇是一个能生活的小镇，是一个活着的小镇，并不是像某些特色小镇开发之后的一刹那，就已经死掉了，既没有本地的居民，也没有外来的游客；其次，我们强调这样的美学小镇还应该是一个生态的小镇，小镇的发展并不是以牺牲环境和生态美作为代价的；最后，这个小镇一定是既有生产又有消费的小镇，即它是有经济活力的小镇，它是有经济动力推动当地生产、生活、生态发展下去的小镇。这样的小镇才是符合"既小且美"标准的美学小镇，才能为"美学中国"的建设贡献力量。

总之，从"美丽乡村""美好乡村"到"美学乡村"要实现一种深刻的转变。从美丽乡村注重硬件改造，到美好乡村注重经济建设，再到美学乡村注重文化复兴，归根结底，就是聚焦在乡村文化保存与现代性的转化之上。在综合国外优秀的城镇改造经验基础上，乡村文化保存，意味着保持原有的生活形态及其所蕴含的文化传统。现代性转化，则意味着利用现代化的技术、科技化的手段，将高品质的生活需求融入乡村，由此改善乡村的生态环境，提升乡村的生活品质，进而拉近城市与乡村之间的生活水平。

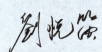

　　"生活美学"倡导者，中国社会科学院哲学研究所研究员，海内外多所高校客座教授兼博士生导师，中华文化促进会主席团荣誉委员，美国富布莱特访问学者，曾任国际美学协会（IAA）总执委和中华美学学会副秘书长，*Aesthetica Universalis*、*Comparative Philosophy*、*Journal of East – West Thought* 等国际期刊编委。著有《生活美学》《审美即生活》《分析美学史》《当代艺术理论》《生活中的美学》《生活美学与艺术经验》《艺术终结之后》《视觉美学史》《世界又平又美》《生活美学与当代艺术》；主编《东方生活美学》、*Subversive Strategies in Contemporary Chinese Art*（Brill, 2011）、*The Aesthetics of Everyday Life: East and West*（Cambridge Scholars, 2014）等；译有 5 部英文专著，所著《生活美学与艺术经验》入选第二届"三个一百原创出版工程"，《中国人的生活美学》入选第十七届国家图书馆"文津图书奖"推介图书。在超星网主讲的《美学导论》课程已有 60 多万人选课并被 200 所高校纳入课程体系，在"生活美学"普及方面做了大量的社会引导工作。

目 录
CONTENTS

第一届

"小镇美学榜样"

生态和谐 · 以人为本 · 既小且美

评选背景

在 2018 安仁论坛上，中华文化促进会主席王石提议：要建立一套完整的"小镇美学"考评体系。这是因为美学对于实现"乡村振兴战略"总要求的意义不言而喻，美丽乡村更是"乡村振兴战略"最直接的表现。为建立"小镇美学"考评体系，推动美丽乡村、特色小镇实现差异化、可持续发展，"小镇美学奖"的设立势在必行。

"小镇之美"是小镇品质、韵味、魅力之所系，对"小镇之美"进行研究和考评，不仅能体现其包含经济、文化、科技、生态的综合水平，还体现了国家、民族、时代的审美取向。目前国内特色小镇的建设尚未把审美提到应有的高度，作为小镇的规划者、建设者，提高审美感受力，如何形成具有中国特色的审美意识成为急需。同时，这也是对于中国的生活美学理念在乡镇落地生根的巨大推动。

随后，由中华文化促进会发起的国家级奖项"小镇美学奖"评选活动正式启动。这个奖项乃是为了深入贯彻落实国家发展和改革委员会、国土资源部、环境保护部、住建部四部委《关于规范推进特色小镇和特色小城镇建设的若干意见》和《中共中央国务院关于实施乡村振兴战略的意见》的部署，致力于把乡村振兴、特色小镇和小城镇建设作为供给侧结构性改革的重要平台，因地制宜、改革创新，发展产业特色鲜明、服务便捷高效、文化浓郁深厚、环境美丽宜人、体制机制灵活的特色小镇和小城镇，并深入推进新型城镇化和城乡融合发展，在经过几年的积累和一年多的筹备后最终设立而成。

"小镇美学奖"聚焦于以美学为导向的"新型城镇化与乡村振兴"，重点破解城乡如何一体、城乡如何融合发展的难题。这就需要首先意识到不能以"牺牲乡村"实现融合与振兴，应该以"城市带动乡村"的模式来推动城乡的整体融合与改造。

从美丽乡村注重硬件改造，到美好乡村注重经济建设，到美学乡村注重文化复兴，归结起来就是聚焦于乡村文化保存与现代性转化上。综合国外优秀的城镇改造经验，乡村文化保存，意味着保持原有的生活形态以及此形态所蕴含的文化传统。现代性转化，则意味着利用现代化的技术、科技化的手段，将高品质的生活需求融入乡村，由此改善乡村的生态环境，提升乡村的生活品质，拉近城市与乡村之间的生活水平。

2018年安仁论坛特别提出，建构小镇美学考评体系的核心就在于"小而美"。"小"，相对于"大"，是经济的、内部的、内涵式的适度改造，而非大而无当的、外在的、硬件的破坏性开发；"小"，同时还意味着一种经济的、朴素而不奢华的、讲究一种返璞归真的生活常态。"美"，不仅是外在的美丽，更是多彩的、温馨的、同时也是公平的、平等的、和谐的，并且是润物细无声地融入日常生活中。这种既小且美的规定，成为"小镇美学奖"最为独特的美学规律，使得这个奖项突破了以往注重形式的藩篱，第一次从美学的高度规定了中国最美小镇的标准和范式。

这个奖项实现的是从"美丽乡村""美好乡村"到"美学乡村"的深刻转变。美丽乡村更多关注外表的美化，美好乡村更多以美好生活为基础，而美学乡村提出的则是更好的境界，所以我们赞同这样的提法："美丽乡村重在硬件建设，是美在环境。美好乡村重在经济建设，是美在生活。美学乡村重在文化回归，是美在价值传承。"乡村美学或者美学乡村乃是未来中国乡村所要追求的一个高级目标。

因此，该奖项以"文化""规划""产业""传播"四大视角考评整个小镇城镇化改造的实效。其中，文化主题方面以小镇主题、人文生态、文化挖掘和保护应用为考量项目，规划主题方面以总体规划、形象设计、公共空间和媒体传播为考量项目，产业主题方面以特色产业、文旅产业和主题活动为考量项目，传播主题方面以宣传影像、传播路径和影响反馈为考量项目。每个项目在考评中都占一定的百分比，以客观公正地评选出中国最美的小镇。为此本奖项特设了指导委员会，邀请了近 40 位国内外业界的重要人物参与评选，包括来自国际美学学会的两位前会长。

2019 年度首届小镇美学奖评出总榜单 50 名。"小镇美学榜样"top10：凤凰古城、霞浦县、阿拉善巴彦浩特美学小镇、龙脊小镇、甘坑客家小镇、拈花湾禅意小镇、大理古城、莫沟村、禾木村、安仁古镇。

愿以此作为当今中国美学小镇的范例，并将这个评选活动可持续性地在中国办下去，在未来与国际相关业界实现进一步的接轨与合作，最终让"中国标准"融入世界，成为一种"国际标杆"。

凤凰古城——文学边城的土风湘情

简介

凤凰古城，一颗镶嵌在湘西山水间的明珠，是沈从文乡土记忆里的"边城"，是黄永玉未曾忘怀的"画乡"。凤凰古城的美，在青石板、古城墙、吊脚楼头、潺潺沱江水间。凤凰古城的美，在拙朴的蜡染、纸扎里的苗银歌舞、醇厚佳酿的土家糍粑中。三月三，木叶和歌；七月半，燃烛奉老。凤凰古城，传承着非遗的醇厚，呈现出一幅延绵不断的绚丽画卷。

详情

凤凰古城，曾被新西兰著名作家路易·艾黎称赞为"中国最美丽的小城"。

远山如黛，氤氲如烟，沱江水静静流淌。它流过桥，绕过塔，穿过吊脚楼。浣衣的少女，江中的小舟，欢快的鱼儿，宛若一幅秀美的山水画。古老的万名塔，美丽的虹桥与风雨楼，令古朴与现代交相辉映，诉说着凤凰古城浪漫的爱情故事。

拙朴的蜡染、多彩的纸扎、动人的苗家歌舞和美味的土家糍粑，凤凰艺术节无不传承着非遗的醇厚。杨家祠堂、沈从文故居、熊希龄故居、奇梁洞等历史文化名迹保存完好，与古城博物馆一起，讲述着凤凰的历史与文化。青石古巷里，红色的油纸伞分外艳丽，一石一水间，透着凤凰的宁静与生机。

凤凰古城，如同一幅清雅的画卷，延绵缱绻，温润多情。

凤凰古城，好似一阕婉约的宋词，行云流水，细腻温柔。

凤凰古城，一颗镶嵌在中国湘西的璀璨明珠。

凤凰于飞，翱翔世界！

霞浦县——港湾滩涂的朝花夕拾

简介

海滨古城霞浦，地处福建东北，港湾众多，岛屿星罗棋布。霞浦物产丰盛，海洋优势突出，是"中国海带之乡""中国紫菜之乡"。浅海滩涂，景色秀美，物种繁多。沙江剑蛏、牙城七都蟳、盐田花蛤，饮誉全国。霞浦充分发挥生态优势，文创浅海，艺术滩涂，文产交融，已经成为摄影者的拍摄胜地，并且深刻改变着当地村民的生产与生活。霞浦的朝花夕拾是一种诗意的生活方式，更是一个循环有序的乡村振兴样板。

详情

我国拥有 1.8 万千米的海岸线，这意味着我们拥有大量的无可取代、不可再生的海洋资源，尤其是滩涂资源。

利用"小而美"的理念，如何有效保护和开发好我国珍贵的滩涂资源，是"小镇美学榜样"评选中的重要议题。

地处福建东北部，濒临东海，与宝岛台湾隔海相望的霞浦，被誉为"中国最美的滩涂"。

这种美，体现在大量国内外摄影师捕捉东升朝阳、西沉落日的壮美影像中；这种美，更体现在保持原生态产业"因劳作而美"的可持续性开发上。霞浦是"中国海带之乡""中国紫菜之乡"，素有"闽浙要冲""鱼米之乡""海滨邹鲁"的美誉。当地政府充分利用天然的原生态优势，以"胜物而不伤物"的开发理念，在保持当地居民原有生活形态的基础上，开发视觉艺术、艺术滩涂，实现文产相融，为我们树立了一种节制、经济又有效的滩涂乡镇美学榜样。

朝花夕拾，不仅是一种生活常态，更是"小而美"理念的现实呈现。

安仁古镇——公园城市的"诗与远方"

简介

　　安仁古镇,川西平原上一颗耀眼的文化明珠,与"绿满蓉城、花重锦官、水润天府"的千年盛景珠辉玉映。它既是中国博物馆厚重历史的沉淀,也是成都公园城市的小镇表达,让"引马江头来晚时,好风无限满轻衣"的诗意有了崭新解读。生态为根,产业为擎。安仁古镇以博物馆文化内核驱动生态与产业嫁接,催生出林盘与建筑、老街与艺术、公馆与演艺等碰撞融合的奇妙。寻找小镇美学 DNA 的独特排列,构筑公园城市诗与远方的无限想象。

详情

　　安仁是历史厚重的,千年文化底蕴和百年民国风貌构筑了它独特的文化底蕴;同时,它又是现代的,时尚风潮引领的时代色彩绽放着青春的无限活力。安仁是乡村,这里的乡韵、乡情,充满着乡土气息,勾起了我们的丝丝乡愁;安仁又是城市的,这里的乡民享受着现代都市生活的舒适、惬意与幸福。安仁是宜居的,这个古镇以自己的方式为公园城市的理念做了最好的诠释和表达;安仁也是宜业的,"文化 + 旅游 + 城镇化"的战略在这里精准实施,文博、文创、文旅的"三文"产业蓬勃发展,带领古镇百姓迈向致富奔小康的康庄大道。安仁是传统的,千年文脉在这里传承演进、生生不息;安仁又是创新的,一个个奇迹,在这里喷薄出春天般的气息和夏花般的绚丽。安仁是中国的,安仁人在这里演绎着古老国度的崭新故事；安仁也是国际的，国际化的"三城三都"建设在这里结出硕果——中国博物馆小镇正在向世界展现自己的动人魅力。安仁是现在的，历史在这里呈现出新的拐点，创业的热潮正如火如荼、方兴未艾；安仁也是未来的，蓝图已经绘就，航程已经确定，风帆正在扬起，辉煌的彼岸就在前方。

　　仁者安仁，天下归仁。

阿拉善巴彦浩特小镇——戈壁大漠的创新明珠

简介

　　巴彦浩特，是祖国北疆多民族聚居地，丝路文化璀璨，环境丰饶宜居。既有戈壁之苍茫，又有沙漠之壮阔，更有贺兰之雄浑。地方政府与专业院校创新合作，遵循美学原则，推动艺术介入城市规划，塑造"生态修复，城市修补"发展模式。艺术与城市的互动、融合，让"苍天圣地、丝路驼乡"的品牌愿景正在变为现实。

详情

　　阿拉善巴彦浩特，可能大家不太熟悉这个名字，但它如今却成了一座不折不扣的美学小镇。"阿拉善"系蒙古语意为"五彩斑斓之地"。巴彦浩特政府与中央美术学院中国公共艺术研究中心创新合作，小镇在戈壁、沙漠、草原和贺兰山的注释下，呈现出一个名副其实的"五彩之镇"。

　　作为地方政府与专业院校创新合作的典范，以艺术引导城市设计创新，这座美学小镇改变了传统的功能至上与条块分割的空间设计理念，用艺术化的城市设计，协调城市公共空间与文化艺术产业布局，构建出适应未来发展需要的艺术创新之都模型。在提升城市形象与城市品位的过程中，建造者们用公共艺术的手法在城市空间中叙写小镇文脉，建立小镇表情，讲述小镇故事，重塑小镇精神，用艺术的手法绘制了一幅新时代阿拉善巴彦浩特史诗的图画！

龙脊小镇——千年梯田的天下龙脊

简介

有"世界梯田之冠"美称的龙脊梯田，始建于元朝，最高海拔 880 米，最低海拔 380 米，盘绕绵延数十里，如练似带。春来，水满田畴，像层层银带；夏至，佳禾吐翠，似道道绿波；金秋，稻穗沉甸，若金蛇狂舞；隆冬，群龙戏水，如环环白玉直上云端。小山如螺，大山似塔，绿树丛里的"干栏"木楼群点缀其中，讲述着壮瑶人民的幸福生活。

详情

这里处处皆景、步步如画、入眼即诗、阡陌纵横，一座如梦如幻的小镇跃然天地间。

宏壮的梯田群萦绕山云间，线条行云流水，潇洒柔畅。她像厚厚的一本书，让我们得以与岁月彻夜长谈。天籁之音动听悦耳，赤脚行走于柔软的历史泥土上，踏着湿漉漉的青石板，好似一眼千年。山城氤氲，小镇旖旎，秋叶萧瑟，银装素裹，梦你千万遍，只为触摸你的五官。这是一座鲜活的民族博物馆，瑶、壮、汉三民族的和谐共生之地——龙脊梯田。

近年来，龙脊梯田在特色旅游城镇建设基础上，坚持突出民族特色、生态特色、民生特色，科学规划城镇化建设，全力以赴打造一个科学规划、布局合理、环境整洁、康寿养生的宜居城镇，彰显出了以人为本、生态和谐的独特魅力。

甘坑客家小镇——客家文韵的童趣家园

简介

甘坑客家小镇与小凉帽一起乘着凉帽魔法的风向你飞来。甘坑客家小镇坐落于深圳市龙岗区甘坑社区，是深圳十大客家古村落之一。通过对广东省非物质文化遗产"甘坑凉帽"的深度挖掘，甘坑打造出富有本土客家特色文化内涵的 IP 形象——"小凉帽"，首创"文化 + 旅游 + 城镇化"战略下的"IP Town"特色小镇发展模式。

具有浓郁的客家风情的古村落，通过文化创意等导入，动漫产业和旅游产业相结合等途径，打造小凉帽国际绘本馆、小凉帽农场、小凉帽之家酒店、绘本花园、V 谷乐园、小凉帽之家衍生品店等 IP 主题化亲子度假空间，实现新型城镇化的文化再造，推进文旅融合的创新实践。

详情

甘坑客家小镇，起源于明清时期的赤竹寨，最早是瑶族人居住的地方。此地遍布泉源，泉水清凉透澈，如甘露一般。"甘"，水甜也，甘坑之名由此而来。后客家人迁居于此，取名为"甘坑"。距今已有 300 多年历史，为深圳十大客家古村落之一。现在，犹如世外桃源一般的甘坑村，房连巷通，依山傍水，错落有致，犹如画卷。客家建筑与山水融为一体，形成了独特的客家文化载体。

这里甘泉环绕，文旅交融。有一个唤作"小凉帽"的客家阿妹，依托甘坑特色——非物质文化遗产"客家凉帽"，在客韵文化小镇建设农场、乐园、美食、美宿、绘本阅读馆，打造 IP 主题的亲子化童趣度假乐园，并带着她与客家文化的故事，飞向你，飞向世界。

以"IP Town"为发展模式的甘坑客家小镇，以其在城镇化建设、乡村振兴战略、文化园区产业化，以及夜间经济发展等决策部署中的有效成果，荣膺首批八家中国文化旅游融合先导区（基地）试点之一、广东省文化和旅游融合发展示范区、深圳市文化产业园区、深圳十大特色文化街区之一、广东省文化和旅游特色村等称号。

拈花湾禅意小镇——有生于无的禅意栖居

简介

　　灵山会上，佛祖拈花一笑，禅意飒然。禅，作为拈花湾的核心元素，一山一水、一草一木、一门一窗、一杯一盏都是匠心和禅意的表达。缘起五叶莲花的神奇山水融入江南小镇的特有水系，凸显和风淡雅的建筑风格。拈花湾营造出美轮美奂的禅意生活意境，表达出对身、心、灵独特的人文关怀。拈花湾，有生于无，慢下脚步，好好生活。

详情

　　拈花湾禅意小镇位于江苏无锡的太湖之滨、灵山之畔。它恰似一朵五叶莲花，在江南特有的水系里，在清朗疏阔的建筑中，拈花一笑。"禅"作为拈花湾的核心元素，就是一块苔藓也吐纳着智慧与生机。

　　拈花湾，感天地之灵气，成人间之华章。

　　唐式廊檐，舒展旷平。宋式斗拱，灵巧轻盈。唐风宋韵，美轮美奂。

　　天光云影共徘徊，半山衔日拈花湖。香月花街拈花塔，祥云瑞气锁浮图。

　　涧水禅音，万境万机俱成空。梵天花海，一知一见尽消融。

　　福田阁，一叶翩翩在五湖。妙音台，慧眼梵音谈禅不？

　　禅意客栈，参透禅机修真我。禅意美食，感悟人生成大道。

　　书香茶花琴，涤除玄览，明心见性。

　　拈花湾，心灵的港湾，有生于无的禅意栖居。

大理古城——西南古都的苍山洱海

简介

　　彩云之南，苍山之翼。洱海之滨，历经六朝的大理古城，600 余年来雄踞祖国的西南边陲。大理古城，首批国家历史文化名城，首批国家级风景名胜区。石木结构的明清老建筑讲述着古城的历史文化，"九街十八巷"的棋盘式布局演绎着古城的洪武风范。大理古城，以原生态、原住民为核心元素，依托苍山洱海的自然胜景、南诏王城的人文底蕴，正在书写新时代人与自然和谐共生的新篇章。

详情

　　大理古城，这是个耳熟能详的名字。它雄踞祖国滇西腹地，在苍山洱海的怀抱中穿越千年历史时光，饱含南诏古都原生态、原住民的深厚底蕴走到了今天。它是首批国家历史文化名城、首批国家级风景名胜区，集文旅双创、休闲娱乐、养生度假等功能于一体，正在发展成为世界级旅游目的地。

　　大理古城，曾是茶马古道与南方丝绸之路的重要商贸节点，这里历史名人故事鲜活丰富，民族宗教文化多元并存。古城"一横一纵"的历史文化保护街区中，明清、民国年间的木石结构建筑古老而独特。城楼、帅府、文庙等文保单位和古院落交错分布，成为古城历史沿袭的实物见证和载体。

　　如今的大理古城，汇聚了"风花雪月"核心要素，根据文化旅游、街区保护需要进行科学规划，依照核心区、控建区、缓冲区不同的定位推动差异化发展，提升自然环境和城乡风貌，打造文旅产业集群，确保大理古城的和谐、可持续发展。

莫沟村——古窑保护的共富生态

简介

　　莫沟村北靠太行山，南临黄河水，三面环沟，集中展现了南太行的窑洞文化。进村不见村，全因豫西的地坑窑洞挖于地下，依坡就势，坑口或方或圆，各不相同，独具风姿。乡村振兴进程中，昔日人去房空的古窑洞已变了风貌。窑洞村部、老苗书馆、三棵树院、席家布坊、进村牌楼、村淘店和莫龙湖水等顺应乡村生态而形成的特色人文环境，正在重现莫沟村"老家"的温馨，正在走向共同的富裕。

详情

　　莫沟村，位于河南省焦作市西虢镇，自古为通衢之地，北依太行，南濒黄河，地势北高南低，三面环沟。"进村不见村"，全因其依坡就势，挖坑凿窑洞，形态不一，蔚为奇观。多元的窑洞文化集中展示了炎黄子孙上下五千年一脉相承、繁衍生息的民风民情和窑洞文化的渊源奥秘。

　　黄土地上星星点点的窑洞，随着城市的快速发展一度成为贫困的代名词，但莫沟村依托原有的独特自然空间，进行了因地制宜的保护改造和产业引导，使昔日人去房空的古窑洞变了风貌，重现"老家"的生机，引领着村民走上共同富裕的道路。

　　莫沟村是自然生态与人文底蕴和谐共生的代表，是乡村振兴有力的参与者和实践者。以人为本，走向共富，莫沟村一直在努力。

禾木村——喀纳斯湖畔的原始味道

简介

　　禾木村，隐于幽静空谷，保护着悠远避世的民族聚落。喀纳斯湖畔，图瓦人的时间在这里化成穿林扬鞭的牧马人、炊烟袅袅的清晨、高大林木榫卯而成的家园，以及漫山遍野醉人的秋色。在这里，人与村落自然生长，奔驰中的雪橇和安静流淌的禾木河将禾木村原始的生活美学从古传承至今。如诗般的美丽景致，让这个浓墨重彩的小村庄书写着神话般的传说。

详情

　　禾木哈纳斯蒙古族乡地处祖国西北边陲，是我国西北风光长卷上璀璨的明珠。2000 年以来，禾木哈纳斯蒙古族乡被《中国国家地理》评为"中国最美的六大古镇古村"之一，被誉为"神的后花园中的自留地"。喀纳斯景区先后被国家相关部、委、局评为"国家 5A 级旅游区""国家级自然保护区""国家地质公园""国家自然遗产""国家森林公园""中国最美五大湖泊""中国最美十大秋色""中国最值得外国人去的 50 个地方""中国最美森林""全国低碳旅游实验区""中国八大摄影基地""新疆滑雪之乡"等。

　　生活在那里的图瓦人，有着古老的历史和显赫的身世。经历了近百年喀纳斯冰川融水冲击后的禾木桥折射着时光厚重的质感。禾木河的水清澈凛冽、静深地流淌，带来了丰美壮阔的草场和野花般繁茂的牛羊。木屋、围栏、炊烟，欢快的人们在太阳的照耀下，延续着历史，也书写着新的生活美学方式。自然的给予与纯朴的图瓦人，将对生活和美的追求、对自然的向往和敬仰，共同融为孕育美好生活的热情与激情。感恩大自然赐予的美好家园，感恩时光留给禾木村的独特的美。

第二届

"小镇美学榜样"

小而精 · 健康美

评选背景

"小镇美学榜样"征集发布活动于2019年创立，意在响应国家乡村振兴战略，遵从"生态和谐、以人为本、既小且美、创造标准"的宗旨，希望通过"小镇美学"考评体系的建立，形成小镇美学的中国标准，通过美学的要求与传达，推动城乡从差距转向差异，用美学为代表的内生文化力量倡扬"小而美"的乡村小镇发展方向。

在"以人为本，生态和谐，既小且美"的主题引领下，由专业院校、学术机构、媒体和社会文化组织等共同组成的评审委员会，经历四个阶段，通过闭门背靠背的方式遴选出了10个第一届小镇美学榜样，代表了地域和民族多样性的美学与文化，展现出乡村振兴战略背景下小而美的多种乡村发展样本。

一场全球疫情，让人们经受了一次对生存方式与生活态度的深刻洗礼，更有质量的居住和旅行，更加和谐地与自然相处，已成为人们的共识和行动。由安仁论坛组委会、搜狐焦点文旅、中国青年艺术家美育联盟等联合发起的第二届"小镇美学榜样"的征集发布，以"小而精·健康美"为主题，更加关注以健康居住和健康旅行为指向的小镇美学样态，提供国内大循环发展格局的新角度和新思维。"小而精"的提出，是在自然与人文的基础上，更加重视城镇发展的可持续性与宜人性，是更加以人为中心的评价标准，要求达到人与自然相处相融的状态。"健康美"与"小而精"相匹配，摒弃低质量、单纯追求规模和速度的粗放模式，体现的是一种更加人本的、健康和谐的美学理念。在建设实践中，转化为对生态的维护、康养产业的建设、对居民的身心关怀等，这也是中国美学精神和古典智慧在城乡建设中的复兴。"小而精·健康美"既是对小镇美学榜样"既小且美"宗旨的升华，也是从更高维度阐述中国小镇美学的标准和范式。

相较于首届，第二届小镇美学榜样征集发布主要有四个维度的提升：一是完善标准，在细化和力求精准的基础上更加注重样本的数据合理性、模式完整性和美学独特性；二是开阔视野，积极向国际成熟先进的模式借鉴和学习，为国内小镇在美学领域的探索提供有益的参考；三是聚焦康旅，从大健康与文旅融合的角度，积极寻求示范性的样本塑造，推动后疫情时代小镇的新型发展模式建立；四是关注云端，通过搜狐焦点文旅等互联网平台进行广泛的云传播和云互动，应用融媒体手段传达小镇美学的理念与目标，在云端感受小镇的小而美。

经过近三个月的征集、初选和评委会线上初审，共有 21 个小镇（乡村）进入终审阶段，包含了文旅、康养、运动、亲子、艺术、文化科技、少数民族文化等多种类型。

终审评委根据小镇美学标准体系中文化、规划、产业和传播四个考核方向以及本届新设置的加分考核项，对这些入围小镇进行了认真、细致、严谨的评判和讨论，最终产生了第二届"小镇美学榜样"10 个入选名单：浙江省·良渚文化村、广东省·青田文化艺术村、云南省·彝人古镇、海南省·天涯小镇、安徽省·九华山莲花小镇、湖南省·白箬铺镇、浙江省·安吉桃花源、江西省·三宝国际陶艺村、河北省·海坨山谷、四川省·南岸美村。

我们希望更多的人、更多的力量关注小镇上的美学，用美学的内生文化力量去启发、去引导、去创造小镇和小镇人的美好生活。

良渚文化村——世遗古国的未来村庄

简介

在跨越 20 年的时间里，良渚文化村从"未来设计"变为现实样板，成为探索实践城市、社区、人等共生共融的"范本"。良渚文化村风华正茂，正在赋予"一个梦想居住的地方"更丰富的内涵，一撇一捺也都面向未来延伸跨越，是美好生活场景的当代实践。

详情

良渚文化村，立于中国最早的文明之上，世界遗产的光环让其天然地集聚了世界的目光。但是，良渚文化村人并没有因此而乐享其成，他们依托杭州周边的人文与生态环境，本着传承和弘扬的初心，尊重土地和文脉，对美好的旅居生活进行营造。在人本的道路上，他们用现代性综合社区的理念将社区运营和村民自治有机结合，配套"村民公约""三好"概念等软系统，呈现出了生产、生活、生态的共同和谐。

良渚文化村初始开发于 2000 年，历时 20 余年，先后完成了白鹭郡东、白鹭郡南、竹径茶语、堂前、春漫里、探梅里、郡西别墅、郡西澜山、柳映坊、秋荷坊、七贤郡、锦云坊、劝学里项目的交付，占地 5000 亩，入住人口近 3 万人，体现了大型综合社区的整体开发和全周期运营能力。它以系统性、可持续、国际化为指导原则，尊重土地和文脉，将社区运营和村民自治有机结合，打造了一个经济共生、绿色生态、功能复合、人文和谐的新型城镇建设典范。

文化小镇的打造乃是良渚文化村的坚守，良渚将社区运营和村民自治有机结合。2011 年首次提出了"村民公约""三好"的概念也由此诞生，以村系列为代表的"村民日""村民学堂"等特色活动一直延续至今。此外，万科在良渚打造了随园嘉树养老服务和"大屋顶"这样的文化艺术交流场所，提供了食街、劝学荟、玉鸟幼儿园、安吉路学校等商业服务和教育服务。2019 年，在良渚申遗成功之际，杭州万科以"莫角书院"和"良渚文明探索营地"助力文明传播。

全品类、全周期的生活服务，匠心工艺的建造要求，使得良渚文化村在杭州甚至在全国都有较强的影响力，在客户、同行中都获得了较好的口碑，逐步走向了世界。

青田文化艺术村——原乡价值的传承开新

简介

在高校、艺术与地方治理体系共同作用下，以保护为基调，使青田传统文化精华得以激活，村民幸福感与自豪感获得了提升。青田的原乡价值，离不开乡村振兴战略的引领，各级政府的治理，高校乡建团队的全程介入、本地村民的主动配合、公益组织的爱心投入，是各领域人士智慧贡献共同作用后的呈现。

详情

青田范式，是中国乡村文明的一个复兴路径，它建立在对青田乡村地方性知识和对传统的尊重和坚守的基础上。以人为核心，展开与之关联的 9 条脉络的关系梳理和价值再塑，包括历史、经济、信仰、礼俗、自然、环境、农作、民俗和生活，形成传承又创新的文化价值与社会形态，建立了丰富多彩的"乡村共同体"。

青田地处珠江三角洲的中心地带，具有悠久的历史传统和丰富的文化遗存。它保留了丰富多彩的乡村生产与生活形态，是中华民族的宝贵财富，也是青田村民世世代代传承下来的理想家园。青田的乡村复兴与建设，不仅具有保护这个特定村落的意义与发展乡村经济和保护乡村物质遗产的价值，还通过具体的乡村实践，充分印证中国传统文明现代化转型的时代意义。

经过多年的努力，青田传统文化中富有生命力的部分得以激活，青田村民因为生活质量的持续改善而对家乡的发展感到越来越自信与自豪，以保护为基调的"青田范式"已经成为参与各方的共识。以"青田范式"

理念为基础展开的乡村建设，不但可以促进青田自身的家园建设，而且也能使民俗文化的保护、礼俗香火的延续、乡村经济的繁荣、生活秩序的复归、村民生活水平的提高等乡村整体价值得到全面提升。

彝人古镇——彝山彝水的火热风情

简介

　　彝文化的精髓赋予了彝人古镇文旅产业以火热的灵魂，那是一片能够彻底放松心灵的热土。往事越千古，恋恋风尘中。彝人古镇始终冲我们意味深长地微笑，撩拨好奇而向往的心灵，来这里放下尘烦，化在万千风情之中。

详情

　　彝人古镇是云南为数不多的彝族特色风情小镇，无论是歌舞、祭火、打跳、狂欢，还是彝王宫、桃花溪、望江楼、祖先神柱，都透闪着彝人火热的灵魂和对来客的真诚。

　　彝族是热情似火的民族，彝人古镇更是奔放不羁的一片热土。这座建于宋代"德江城"遗址上的小镇，给人最炽烈印象的是世代生活在这里的彝族人和他们的文化。当夜色把灯笼的红、亭阁的静默、青石板的履历全部融入跳脚狂欢的热浪当中，这便是毕摩真诚的祝福，是彝人如火的欢歌！

　　彝人古镇位于云南楚雄市经济技术开发区永安大道以北、太阳历公园以西、龙川江以东、楚大高速公路以南。占地面积 3161 亩，总建筑面积 100 万平方米。全镇共有七坊五十苑。整个古镇形成一个大围合，每坊一个中围合，每个四合院成一个小围合。它以古建筑为平台、彝文化为灵魂，是集文化景区、旅游集散地、城市会客厅等多种功能于一体的特色小镇，也是楚雄一张亮丽的城市名片。

　　如今的彝人古镇已是集商业、居住和文化旅游为一体的文化综合体了。

天涯小镇——椰风海岛的渔村休闲

简介

　　天涯小镇在海南创造出在地传统活化与转化的样本，具有参考性和启发意义。小镇以渔村的世俗化生活为依托，将五龙、书院、民俗等在地文化与爱国、爱乡、爱海的在地精神有机凝练出以渔村休闲为主要特征的康旅融合模式，让远方的人走进渔家，体验海的休闲、海的安逸，再辅以现代社区化治理与创新性空间营造，形成了创新的文旅生态产业链。从人本的角度看，渔民更是获得了产业扶贫的长效福祉。

详情

　　海南，中国对外开放的高地，正追星赶月，风起云涌。但在人文的梳理和表达上，还任重道远。天涯小镇，不可能代表海南在社会文化、文旅产业等领域整合、重构和诉说的全部，但是它提供了一个有启发意义的角度和样本。

　　天涯小镇是目前中国唯一以"黄、黑、青、白、红"五龙街区为主题的社区，具有中国传统的民风淳朴、友善邻里的社区气质。"五龙"是在地文化的主体，社区有从民国初期就留存至今的传统舞龙、海上赛龙舟的民俗；华侨城践行着央企的使命担当，帮助马岭复兴在地的"五龙"文化，牵头专业文创机构，打造天涯小镇特有的"五龙"文化 IP，使之成为符合旅游度假市场年轻客群需求和当地居民认可的文创产业及品牌。

　　文化自信与乡土文化方面，天涯小镇以在地的"五龙"文化为精髓，扶持成立"五龙"文化协会，重现端午龙舟赛、五龙牌坊点睛等传统民俗活动，结合时尚元素包装，提升龙舟项目，打造新的"五龙舟"类奖

板项目，设计符合本地"五龙"文化的 IP 并应用新媒体广泛推广，使其文化精髓在新时代焕发出强大的生命力和经济价值。在迎来巨大发展机遇的海南，天涯小镇创造出了在地传统活化与转化的样本，呈现出具有示范性的生态文明——夕阳西下，乐海人，在天涯！

莲花小镇——莲开九华的诗意流淌

简介

　　莲花小镇，诗意生活向前流淌，途经心灵旅居的生活场。莲花小镇精心取舍九华山水与人文，创造出了极富诗意的美学生活空间。莲花小镇犹如大笔泼墨、细笔勾勒，营造了令人叹服的诗意空间美学，塑造了绿色健康的生活，以永不妥协的理性精神和美学范式，创造恒久的生活美学模样。

详情

　　九华山下，邂逅理想的诗意生活。莲花小镇，地处中国佛教四大名山之一"地藏王菩萨道场"、国家级物质与文化双遗产、安徽"两山一湖"风景区重点区域——九华山。莲花小镇项目择址九华山脚地藏圣像旁，集聚饮食、住宿、文创、休闲、市集五大场域运营，鼎新九华山文旅格局，升级九华山国际旅游形象与体验。

　　为启幕九华圣山旅居诗意生活，莲花小镇与高端酒店品牌合作，管理小镇主力酒店，提供极致的高端住宿体验，打造涵盖零售、餐饮、娱乐休闲、文创体验等多种业态的特色商业街，更有客栈、公寓、生活馆等特色民宿类产品，可以享受九华山酒店类、商贸类、医疗健康类、文化课程类等山上山下资源。由此，静可修心山水间、动可闲趣集市里，心闲身自在，境启九华山下的诗意生活。

　　松竹掩映，青瓦木椽，自然的瑰丽和皖南人文的古意，共同交织出九华山下的美景。建筑演绎东方美学中的宁静淡泊，而我们也在这片诗意空间中重拾生活本真。诗意于此释放，生活重归理想。那些动或静、自然或人文，都在小镇的画卷里尽情地舒展。以人为尺度营造小镇空间，为小镇赋予了宁静与生机，以及诗意生活的态度。

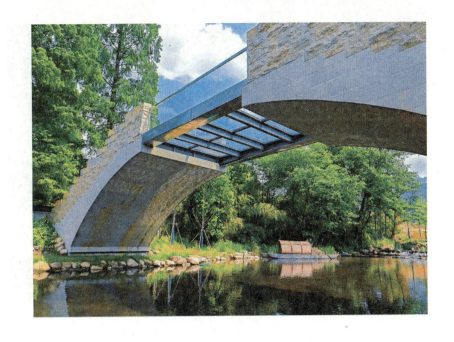

白箬铺镇——亲子乐学的忘忧蝶谷

简介

　　白箬铺将深厚的文化底蕴和良好的生态资源有机融合，构建了多层次、多元化的亲子乐学人文生态体系。亲子乐学，儿童友好，让去往白箬铺的家庭和孩子们在光明蝶谷、贝拉小镇、松鼠谷、白鹭营地，实现了与自然和谐共处、其乐融融。

详情

　　长沙市白箬铺镇，西临宁乡，南接岳麓，是长株潭"金三角"的重要节点。在城乡融合进程中，白箬铺传荆楚之风，接汉唐神韵，留近代风貌，在乡村振兴战略引领下，推进"市民下乡、能人回乡、企业兴乡"的"三乡"工程，融合自然生态风光、独特人文景观、乡村健康饮食等要素，围绕"儿童友好"的立镇主题进行品牌化运营和推广，构建出多层次、多元化的亲子文旅产业体系，初步实现了深厚的文化底蕴和良好的生态资源的有机融合，呈现出城乡可持续发展的良好状态。

　　白箬铺镇古为荆楚地，先秦风骨、唐汉风韵、民国风貌明显，因产箬竹而得名。白箬铺是古驿道上的一个驿站，中华人民共和国成立后，有区、乡（社）机关驻此，随着人流量增多，集市开始形成。白箬文化底蕴深厚，湖湘文化浓郁，文化异彩纷呈，包括红色文化、剪纸文化、书法文化、庙宇文化等，至今保留着许多人文景观、乡土民俗等文化遗存。镇域范围内拥有山、水、河流等自然景观，水系串联，生态基底良好，同时拥有诸多历史名人活动印记与典故，地域特色鲜明。

白箬铺镇同时拥有显著的文化标识、独特的乡村风貌、鲜明的主导产业，充分体现了白箬"山水田林居"相嵌的村落格局，彰显历史文化价值与地域特色的传统村庄，格局风貌完整。

　　白箬铺镇融合自然生态风光、独特的人文景观及乡村健康饮食文化于一体。现今，镇内建成了集儿童素质教育、大自然教育、动物识别教育、亲子教育等于一体的青少年研学旅游目的地，受到了国内外游客的广泛关注与欢迎。

安吉桃花源——绿水青山的茶竹康养

简介

　　安吉桃花源以独特的在地文化禀赋和合理、规范的阐发，贡献了一个难得的生态文明建设样本。安吉，是两山理论的发源地，获得了"世界人居奖"，是中国生态文明建设的一个典范。

详情

　　安吉桃花源，坐拥得天独厚的自然禀赋和人居条件，将茶、竹、桃的经典在地文化，通过强大的设计规划团队，自然地转化为公共空间中对人的赋予、对旅居的升华，描摹出陶渊明笔下的千年梦境。以康养为核心，以农业为基础，以自然教育为特色，以文旅为输出，安吉桃花源，完成了自然与人文的深刻转化；乘着两山理论的春风，在康养旅居的道路上走出了新时代吴越的气度、江南的风姿。

　　竹之风骨、茶之雅韵、桃之沁香，安吉桃花源充分融合当地自然禀赋，打造现实版的"桃花源"。将"竹、茶、桃"悄然融入生活之中。安吉大学生竹构筑物创意大赛获奖作品也落地于此，使得该地区拥有了一座座休憩亭：对园区道路进行美化，制作一条条彩虹路，被绿意山林包围之中的一条七彩道路格外的炫美灿烂。

　　小镇已开业豪华五星级悦榕庄酒店、鲸奇谷儿童乐园、安桃雅集商业街、玩嘟农场，大青坞垂钓水库、穆青川景观公园，未来规划还有小镇中心、山顶公园、运动中心、养老中心等全龄段生活配套。

　　安吉桃花源发掘和融合当地历史文化与自然禀赋，构建"以康养为核心，以农业为基础，以自然教育为特色，以文旅为输出"的全产业链循环体系，辅以悦榕庄酒店、安桃雅集、鲸奇谷儿童乐园等多主题配套和创新的居养产品，成就了一个具有复合功能的康养小镇。

三宝国际陶艺村——千年瓷都的世外"陶"源

简介

　　三宝国际陶艺村坚守乡村意识和文化根脉，构建了东方与世界友好对话的美好桥梁。通过传承和转化，三宝走出了一条属于自己的艺术村落的道路，立足根脉，放眼世界，和而不同，美美与共。

详情

　　三宝国际陶艺村位于景德镇市东南郊，距宋代湖田窑址约 5 千米处的三宝棚。优美的风景、清澈的山泉、朴实的建筑、恬静的生活、旋转的辘轳以及浓烈的艺术氛围吸引了众多的艺术家和访问学者，文人学者也慕名前来。这是一个以国际化理念将景德镇制瓷传统和文化、艺术、生活相结合的典范，是国际陶瓷艺术文化交流的平台。它第一次将中国传统陶瓷文化和历史资源、地域特色、东方理念以及当代世界艺术创造性地结合在一起，打造后传统文化精神，成为一个具有东方艺术特色和传统价值及国际全新文化视角的国际陶艺家园。

　　从 1998 年开始，三宝国际陶艺村接待了数以千计的有关陶瓷的专家学者，成为中国第一个提出传统元素与国际嫁接的案例。2000 年至今，为景德镇市文化交流推广工作做出了大量成绩。三宝国际陶艺村作为陶瓷艺术文化的核心机构，第一个成为联合国教科文组织的中国成员组织，并成为世界艺术交流中心协会会员。

　　如画的风景、清澈的山泉、质朴的建筑、旋转的辘轳，还有恬静的生活，也许你在他处也能触及，但在三宝，她有一个魂，那就是陶瓷！

三宝国际陶艺村，坚持的就是还原和保留中国最传统的制陶场景，把陶瓷的痕迹藏入农院、土墙、凉亭、器具以及溪水的流经之处，把陶瓷的精神隐逸在每一天的日出月落、每一场的春风秋雨、每一餐的寻常烟火中。原生、乡念和野趣，让景德镇的制瓷传统与国际化的审美实现了平和的对话，用一种恬淡的方式向世界打开了一扇千年瓷都的窗户。

海坨山谷——运动京北的健康陪伴

简介

　　海坨山谷合理整合基于良好生态基础上的产业类型，在北京冬奥会的背景下，做出了一个"三生"融合的样本。公共健康，是人类未来更加关注的话题。去海坨山谷，身心都能得到疗养，那里的美，由内而外。

详情

　　海坨山谷，借助北京大生态涵养区的辐射优势，充分糅合自身森林、草场和清洁空气等优质因素，通过合理的规划和品质化的表达，将国际文旅理念与在地禀赋有机结合，精准导入运动、医养、康复、亲子、营地等产业类型，打造出健康、温馨的旅居环境。同时，尊重中国以家庭为基础的传统伦理精华，营造出了"陪伴才是真爱"的旅居体验，成为环北京地区一个人文、生态和产业共生共融的范例。这样的范例，在北京冬奥会的背景下，具有时代性和普及性。

　　海坨山谷位于北京市延庆区海坨山风景区，北京第二高峰——海坨山脉露营圣地东侧，毗邻 2022 年冬奥会高山速降比赛地，距离北京市区130 千米，隶属京北生态涵养区内，平均海拔高度 1300 米（人类最宜居的高度），四季全时无霾区（万亩原生林、360°山景环绕、自然氧吧），被誉为亚洲的"世界疗养院"。周边由崇礼冰雪度假区、翠云山风景区、玉渡山风景区、龙庆峡风景区、古崖居风景区、松山自然公园等 3A 级国家旅游景区围绕而成。

南岸美村——乡村生活的"花"样年华

简介

南岸美村实现了一、三产业的理想联动，营造出文化、产业、空间、景观等生态的融合共生，用人本的乡村新型治理模式将美好旅居变成可见现实，成为中国乡村振兴的美丽样本。

详情

南岸美村，位于川西平原，斜江河南侧。5 年的从容运子，对生活美学的孜孜追求，造就了这幅以花为笔、以林盘和田园为墨、以川西文化为纸、以社区共治为轴的乡村现代山水画。

在人文生态方面，南岸美村通过社区联合治理、新老乡民融合共生激发社区活力。安仁华侨城搭建社区共治平台，制定村民公约，联合政企党建活动，并与政府联合共建了乡村生态博物馆。通过记录清源村本土文化传递乡愁，通过对比乡村发展变化唤起共鸣，通过呈现艺术林盘蓝图激发热情，吸引创客青年回归，吸引原住民创业，吸引各方艺术家、民间艺术家、非遗传承人、文旅服务者入驻，共同打造新老村民融合共生的田园新社区。

在文化挖掘方面，安仁镇具有丰富的文化底蕴，在其传承过程中保留了很多的民风民俗文化，有迎神会、平台会、客来石磨推豆花、嫁女林盘办酒碗、婆婆院坝纳鞋底、老头街上坐茶馆、围鼓、讲评书、打金钱板等；老作坊酒厂作为全国第一批乡镇企业，历经 30 年风霜洗礼，依旧以其独特的企业魅力存续，通过建筑改造重获新生。依据安仁文化特色，结合林盘区域已有禅修、亲子、果园等项目情况，开发具有代表性的风土产品，以及各类文创和农创商品。

　　在保护利用方面，南岸美村传承并延续了川西林盘生态，构建林盘生态聚落，实现文化生态、产业生态、空间生态、景观生态合而为一的美丽乡村生态典范。在政府的大力支持下，安仁华侨城不仅完善了村庄道路、水电气等基础设施，修复了林盘风貌景观，提升了村民生活品质，更采用艺术的手法打造花卉和农业景观，将这里建设成为美好乡村生活的典范。

第三届

"小镇美学榜样"

美，向着共同富裕

评选背景

　　"小镇美学榜样"征集与发布活动创立于 2019 年,作为关注新型城镇化和乡村振兴的安仁论坛重要组成部分,至今已举办两届,产生了巴彦浩特、龙脊、莫沟、霞浦、青田、白箬铺、安吉桃花源、南岸美村等 20 个小镇美学榜样。该活动由中华文化促进会联合学术机构、高等院校和媒体等共同发起,意在响应国家乡村振兴战略,遵从"生态和谐、以人为本、既小且美、创造标准"的宗旨,用美学为代表的内生文化力量倡扬"小而美"的乡村、小镇发展方向,推动共同富裕的最终实现。

　　第三届小镇美学榜样以"美,向着共同富裕"为主题,关注新时期中国农村乡建进程,从生态乡建、社区乡建、文化乡建、艺术乡建、产业乡建等不同维度发现蕴藏和升腾在小镇、乡村的生活美学、生产美学和生态美学。

　　历经两个月,"小镇美学榜样"共征集到 117 个乡建案例,以美好生活和共同富裕为根本指向,在确保学术性和公益性的基础上,经过两轮初选和复选,共有 57 个案例入围终评。根据居民生活水平与质量提升改善、对区域整体发展的关联与促进、在地文化传承与创新、对社区治理问题的解决、项目的可持续性、项目的示范性等具体指标,终评委对每一个案例进行了细致、客观的评议,最终,顺利产生 10 个本届小镇美学榜样,它们分别是:河南省·南岭新村、四川省·邺江镇、广东省·在上村、浙江省·龙游溪口未来乡村、福建省·下石村桥上书屋、陕西省·小留坝村、福建省·四坪村、云南省·乌龙古渔村、河北省·龙泉关镇、江苏省·黎里古镇。

本届小镇美学榜样系列活动还联合了微博泛文化艺术、微博政府旅游等社交媒体平台，以"美，向着共同富裕"和"发现小镇之美"等话题，邀请 Vlog、沙画、摄影、设计等领域的互联网达人探访两届"小镇美学榜样"，并进行原创内容的互联网呈现与蔓延。这样做的目的，是为了更加生动、更加多元地阐发小镇、乡村里的生活之美、生产之美和生态之美，用互联网的功能与手段让更多的人，特别是年轻人一起来发现和感受，一起来表达和升华。

请相信美的力量，美的奉献，向着共同富裕。

南岭新村——云上南岭的生态引领

简介

南岭新村位于河南巩义市南部山区。在村民世代居住的 30 多道沟谷里，红色文化、民俗文化和历史文化被有机调和在优质的生态、自然环境中，集合成康养度假的文旅模式，迸发出脱贫奔美好的强大力量，既惠及村民，又辐射周边，走出了生态优、乡村美、产业兴、百姓富的乡村振兴新路。

详情

南岭新村生态优美，植被丰茂，村庄靓丽，拥有国家级和省级公益林 30000 亩、经济林 3400 亩，森林覆盖率达 83%。全年空气优良天数超 300 天，被誉为"天赐氧吧"。境内遍布万年奇石、千年古树、百年石窑，蝴蝶谷、鸡冠山、佛头山、神马岭等自然景观尽收眼底。"清、秀、幽、险、奇、趣"，已经成为森林康养的后花园和目的地。

南岭新村历史悠久，文化底蕴深厚。村内目前保存有宋时抗击金兵的义民结寨自卫修筑的黑风寨，有建于清末且承载着《西游记》文化元素的龙王庙、大圣庙，有民国初年刻于崖壁上的村规民约，有始建于 1940 年远离战乱纷争的天主教堂。

有别于黄河流域土质窑洞传统建筑样式，村内至今仍然遍布着五六百座传统特色的石窑民居，是当地居民依山采石，经过敲打成型、垒砌建设而成，具有冬暖夏凉、坚实耐用的特点。经过考证，村内现存最早的石窑，可以追溯到 100 年前。这些特色石窑，是一代又一代勤劳朴实、纯朴厚重的南岭人利用自然、改造自然、亲近自然、与自然和谐共生的见证，形成了别具一格的特色石窑文化。

南岭新村特色产业发展欣欣向荣，依托丰厚的生态文化资源，大力发展绿色产业。如今，不断建设完善蝴蝶谷、景观台、停车场、美食特产街、康养步道、新能源充电桩等旅游基础设施，大力发展生态文化旅游产业。引进落地了郑州市"美丽乡村"精品村、"云上南岭"文旅综合体、敬时山谷博物馆群等重点项目，对当地传统石窑文化和石窑建筑进行挖掘改造，丰富提升传统石窑的舒适性、功能性，取得了良好的成效。随着村庄发展日新月异，群众的幸福感、获得感不断提升。

137

邮江镇——窗含西岭的山村新貌

简介

邮江镇位于成都大邑县西岭雪山下，药佛、青梅等文化隽永，生态宜居。在行政区划调整过程中，邮江镇充分利用生态人文资源优势，活化矿山产业遗存，以民宿、康养、运动等营造全域旅游场景，创造了一个转型、跨越的乡村振兴创新样式，有效地带动了区域的经济发展和群众的致富增收。

详情

邮江镇位于成都西岭雪山脚下，距成都市区 60 千米。全镇辖区面积 113 平方千米，辖 7 村 3 社区，总人口 2.1 万，是典型的山区农业乡镇。2019 年底，原斜源镇顺向合并到邮江镇。

邮江镇充分利用原斜源镇生态人文资源优势，以"国有平台公司＋集体经济＋市场主体"多元经营开发模式，实施生态移民，盘活废弃矿山资源，改造川西林盘，连片种植青梅、三木药材、人工林等近 10 万亩的林业产业，将一个废弃的煤炭乡镇建设成了诗意栖居文化创意型社区，一个新的"网红打卡地"。

太平社区地处西岭雪山温泉国际运动康养产业功能区的起步核心区，距大邑城区 22 千米。社区辖区面积 40.76 平方千米，辖 21 个居民小组，共 1041 户、3928 人。太平社区获 2019 年成都市"双百佳"示范社区称号，太平社区晒药巷、飞凤街分别于 2019 年、2020 年获成都市"最美街道"称号。

在上村——乡村表里的人文重塑

简介

　　在上村，广东河源市紫金县的一个央企扶贫村。在全面改善饮水、河道、电力等基础设施的基础上，产业扶贫与智慧服务精准落地，"文化在上""书香在上"的助学体系和扎根在地传统的村民公共服务日臻完善，从脏乱到宜居，从输血到造血，从"富口袋"到"富脑袋"，在上村"绿、富、美"的愿景正在成为现实。

详情

　　在上村位于广东省河源市紫金县，由于确立了"精神扶贫"的策略，将规划重心放在村中广场周边一系列与村民日常生活息息相关的文化建筑的改造和重建上。

　　现有小学建于 20 世纪 80 年代，如今在紧邻学校一侧的草坪上建成了一个新的场所，植入诸如图书阅览、手工制作、开放课堂等活动。建筑的形态经过若干轮的探讨，最终确定为一种平滑凹凸曲线的形式。以六边形的阅览室为核心，活动空间旖旎起伏包裹在周边，如同软体动物的数只触手向周边的环境伸展开去。这种空间构造主要回应了两方面的需求：对于景观的最大化融入和对于人流与活动最大限度的接纳。整个场地的任何角度，都与周遭的景观没有界限，天空、远山、绿树、草坪是眼睛和手都可以一览无余与触摸的。

　　戏台是乡村公共生活重要的承载空间，也是仅存的可以迅速将人群聚拢的空间之一，具有类似精神图腾的功效。旧戏台仅仅由一个混凝土台子和四根柱子支撑起的一片顶棚构成，如今的改造强化了戏台的体量

和仪式感，用大量木格栅的手法塑造具有传统戏剧舞台格局的空间，呈现出一种新的具有文化气质的形象。

　　对办公建筑所确立的是一个狭长天井作为空间核心的策略。建筑共分三层，所有空间均围绕中庭展开，而封闭与开敞空间的交替出现形成了富有韵律感的序列，这种氛围是其他同类行政建筑中非常罕见的。

龙游溪口未来乡村——三化九景的乡村未来

简介

　　共享、无人、智能……这些似乎只与大城市相关的词语，在浙江龙游的溪口镇成了现实。人本化、生态化、融合化以及健康、教育、交通、乡貌、乡愁、乡里、共享、创意、田园共同构成的"四化九场景"，植根往昔、亲近邻里，有机共生地营造出独属于溪口的鲜活的乡村版未来社区。

详情

　　龙游溪口未来乡村位于江门市蓬江区大雁山脚下一个僻静的村子旁。在设计开展之初，设计师就确立了利用场地中丰富的水体及原生植被资源，大面积采取轻度维护的原则和理念，从山林、河塘、湿地、路径四个方面着笔，体现对原生态的延续。

　　如今的溪口镇实现了现代技术与古老乡村的完美融合。在这里，看书、吃饭、喝咖啡、进出无人超市，一"脸"搞定；智慧球场设备会为球员抓拍精彩瞬间，方便大家转发朋友圈；进入"邻里盒子"，可以实现无人办事，还能借助智能设备连线工作人员解决纠纷。云端"大脑"，引导社区居民和经营户主动参与到家园的日常管理中来。这种指向高科技的设计与规划，意在打造一个植根于往昔亲近邻里关系的未来社区。

　　这个村落还试图留住旧梦乡愁，留住一份怀念缓慢悠长岁月的淡淡乡愁。始建于 1959 年的黄泥山小区，是一个有着 60 余年历史的黄铁矿职工生活区，如今拥有住户 500 多户、1000 余人。这里陆陆续续建了 31 栋风格迥异的房子，红墙绿瓦，壮硕的水杉、松树环绕其中，有种老电影场景的错觉，由此再现出一场承载时代记忆的梦中情景。

在功能打造上，由城市版的"三化九场景"拓展衍变而来，最终确定了乡村版"三化九场景"。通过九大场景的有机交融、有机共生，打造独属于溪口镇的鲜活乡村版未来社区，为居民、游客、管理者、企业提供集成式与定制化的优质服务。

龙泉关镇——太行深处的旅游脱贫

简介

　　地处太行山深处的河北阜平县龙泉关镇，地接冀晋，山水雄奇。2012 年 12 月，习近平总书记来到这里发出了"脱贫攻坚"的动员令。近 10 年来，龙泉关镇依托良好生态和红色文化资源，以骆驼湾村和顾家台村为代表，以"红""绿"民宿、特色餐饮、手工文创为驱动，走出了一条"旅游+"的脱贫新路，向着乡村振兴豪迈进发。

详情

　　龙泉关镇地处阜平县西部，距离县城 35 千米，距离北京 380 千米。总面积 153 平方千米，人口 7900 人，素有"冀晋咽喉要道""中国佛教圣地五台山东大门"之称，曾入选第一批全国乡村旅游重点镇。龙泉关镇属太行山深山区，东接天生桥景区，西接五台山景区，海拔在 800 米至 2286 米之间，片麻岩地质风光独特，自然资源丰富多彩。

　　龙泉关镇文化资源厚重。龙泉关历史上同易县紫荆关、涞源倒马关齐名，历代都有重兵把守，素来为战略要地。是宋辽、宋金交战之地；是帝王西行朝拜五台山的必经之地、必宿之地，史称"京西御道"（即"西大道"）；是晋奉军阀交战之地。目前骆驼湾村和顾家台村已成为全国乡村旅游重点村和 3A 级旅游景区。

　　龙泉关镇民俗文化特色突出。古镇紧邻山西，民俗文化呈现晋冀融合的特点。各种形式的民间活动尽显魅力，毛掸子会、舞会、大鼓、秧歌、霸王鞭、社火等传统民俗传承完整，正月十五闹元宵、踩街、篝火、"转九曲黄河阵"等全民参与联欢的"年文化"活动氛围 始终浓厚，传承不息。

小留坝村——秦岭乡野的三产共振

简介

　　小留坝村，位于秦岭腹地的陕西汉中留坝县，以共生为理念，通过三产带动一、二产业的在地化运营理念和"企业＋扶贫社"模式，形成了以"隐居乡里"民宿群为核心、以生活美学为基调、以高端业态为补充的三产融合、良性循环的原乡产业集群，带领村民快速脱贫致富，共同走上乡村振兴的美好新征程。

详情

　　小留坝村距留坝县城以北 3.7 千米，总面积 27.3 平方千米，辖 3 个村民小组，常住人口 218 户。2019 年与"隐居乡里"合作开发、运营楼房沟精品民宿。通过几年的发展，该村产业多样化、群众广泛参与、户户都有产业的格局已经形成。

　　留坝县区位优势明显，生态环境优越，适合发展特色民宿。2018 年开始，一期先后改造村民闲置土坯房 9 处，完成投资 1606 万元，主要是对村扶贫社收回的村民老屋进行加固、装饰装修，配置相关设施，配套建设供排水、供电、标识标牌、环境绿化美化等工程，项目资金来源为陕南发展专项资金、支持壮大农村集体经济组织、苏陕协作等。二期改造村民闲置土坯房 4 处和 1 处闲置公房，完成投资 805 万元，建成民宿院子 3 处、乡村艺术馆、乡村小卖部和星空会客厅。目前，乡村小卖部已投入运营，乡村艺术馆、星空会客厅已与"隐居乡里""百盒子""玉双山居"签订了深度合作协议。

该村充分利用区位优势，于 2015 年建成占地 30 余亩的小留坝村无公害蔬果采摘园。每年春季会有近三分之一的大棚种植草莓供游客自行采摘。"五一"到次年开春前，所有大棚都种满了时令蔬菜，采摘蔬果不仅让游客体验到采摘的过程，而且能使都市人群省农时、知农事。

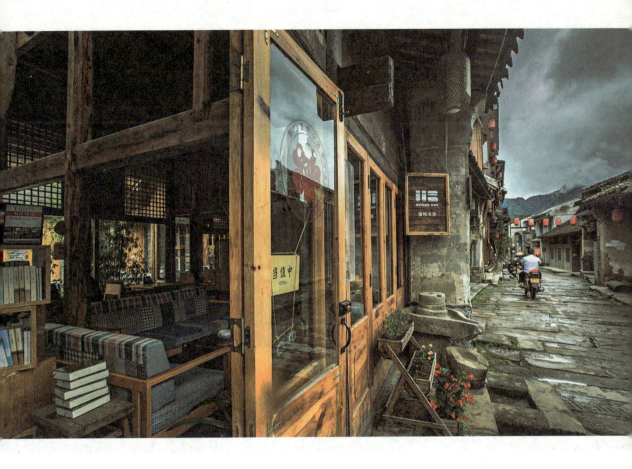

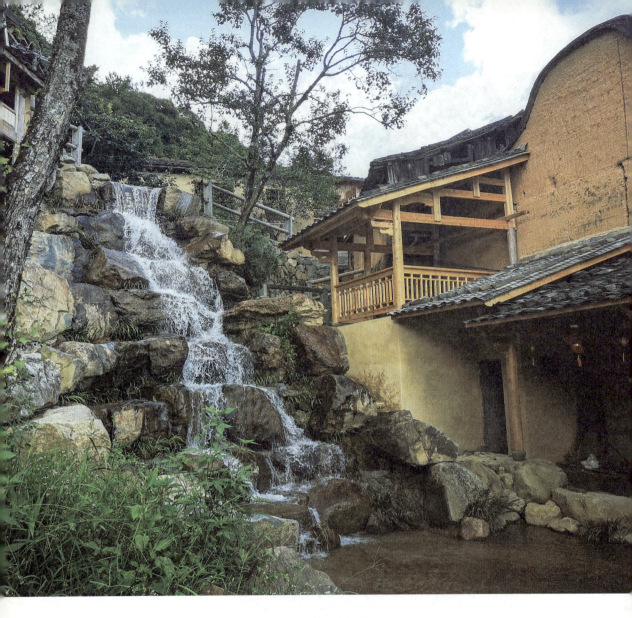

四坪村——园林古村的生态乡建

简介

四坪，一座位于福建屏南县的园林式古村，小桥流水，质朴人家。通过与屏南乡村振兴研究院的联合，新老村民在如画山水间分工协作，共同创业，乡村资源变资产，资金变股金，村民变股东，在重构农村新型集体经济的实践中开辟出一条具有鲜明生态化特征的乡建之路。

详情

四坪村位于福建省宁德市屏南县熙岭乡九峰山下，平均海拔800米，森林茂盛，气候舒适，是人与自然生命共同体有机融合的理想区域。古村依循传统风水格局规划——山环水秀、土润泉甘、峰峦叠翠、梯田旖旎。村落基本保持明清时期的建筑布局，现有较为完好的明清古建筑20余座，同时传承着第二批国家级非物质文化遗产"平讲戏"。

如今，新老村民联合创业，重构新型集体经济。四坪村是屏南乡村振兴研究院的驻点村，屏南乡村振兴研究院由中国人民大学、西南大学和福建农林大学相关院系联合共建，由著名的"三农"专家温铁军担任院长，2020年正式入住并开启了股份制改革的积极探索。新村民的引入、老村民的返乡，不断丰富着四坪古村的乡村业态。

星空营地原为村庄废弃的一块空地，由"乡村生态设计+"理念转化而来，可开展观星活动、天文研学、萤火虫观赏、昆虫研学等自然资源课程的设计开发活动，具备主题摄影、团体聚会、露营体验等综合性空间。通过村集体统一管理、"屏南爱故乡"生态农业专业合作社运营、外部主体合作开发的形式，把村庄的星空、云海、日出、古村、瀑布等自然资源转化为独特而丰富的文创产业业态，壮大集体经济，打造村庄独特 IP。

近年来，四坪村启动"三变"改革工作，统筹全村的资源开发，合理开发利用山水林田湖、基础性设施雨廊等资源，以公共资源入股并享受租金收益，注册"云四坪"商标作为四坪村的公共品牌，成立运营小毛驴四坪农园、爱故乡驿站等，进一步盘活资源，让资源变资产、资金变股金、村民变股东，让绿水青山变金山银山，拓展村民增收渠道，促进村财村民"双增收"，实现村强民富，助力乡村振兴。

乌龙古渔村——渔浦星灯的传承保护

简介

    启于元代的乌龙古渔村，位于昆明滇池之畔，渔猎声远，渔灯犹望，是春城重要的文化记忆。在华侨城"美丽乡村"建设进程中，乌龙古渔村正通过"文化传承＋生态保护＋文旅驱动"的强力组合和稳步实践，迎来渔耕原乡文化的回归，向世人拉开一幅古韵悠长又生机勃勃的古渔村新画卷。

详情

    浩渺滇池闻名古今中外，在滇池东岸，乌龙古渔村早有"渔浦星灯"的盛景，这个村子仍保留了大量的历史痕迹，成为昆明滇池边保留较完整的传统村落。如今成为滇池滨湖区域特色鲜明、价值突出、意义重大的区域之一。

    乌龙古渔村文物建筑较多，拥有大量连片的历史建筑，村落街巷格局保留较好，华侨城结缘乌龙古渔村，并致力于将该项目打造成承载昆明记忆的露天博物馆，让"望得见山、看得见水、记得住乡愁"的情怀真正落地。这个项目是华侨城集团践行"文化＋旅游＋城镇化""旅游＋互联网＋金融"创新发展战略的落地项目。

    乌龙古渔村既是老昆明传统文化腹地，也是文化记忆的传承地。通过对乌龙村的升级改造和保护利用，力求将该项目建设成为集历史文化传承和生态环境保护为一体的文旅标杆项目，打造昆明乡愁记忆的露天博物馆，重构滇池边的渔耕原乡文化，让更多人接触历史遗留下的古渔村遗址，深入真实的民间艺术之中，体验千年的滇中渔耕文化。

建筑是文化的特殊载体，体现一座城市的独特气质，而乌龙古渔村至今仍保留着的"一颗印""半颗印"建筑，见证了这片土地的美丽与繁华。以文化艺术作为交流窗口，传递传统文化精神；通过邀请乡建、乡村艺术等领域的"大咖"入驻，从而带动乌龙古渔村文化、创意、新美学等产业的发展。同时，通过生态治理、建筑修复、景观塑造，依托古渔村文化底蕴，通过"挖掘资源、突出优势、发挥特色、错位发展"实现乡村文化振兴，借助湿地实现"渔浦星灯"场景，从而延续600余年农耕渔猎文化，重新激活人们对乌龙村渔浦历史的记忆。

下石村桥上书屋——古老筒楼的未来之桥

简介

　　福建平和县下石村，有一座获得"阿迦汗建筑奖"的桥，它联结了古老和当下，消弭了隔阂与陌生。桥上书屋里的小学童和小图书馆，代表了两岸村民的信任和沟通；两个筒楼围成的村庄，不再内向和衰颓，共同走向了美好未来。桥和人，都成了纽带，都成了风景，你中有我，我中有你。

详情

　　桥上书屋是世界建筑的一朵奇葩，于 2010 年、2012 年先后获得世界最著名建筑奖之一"阿迦汗建筑奖"与世界八大环保建筑奖。此前还获得"世界新锐建筑奖"第一名。书屋长 28 米、宽 8.5 米，主要采用钢木材料建成，横跨在碧溪之上，与溪两岸建于乾隆年间的两座土楼——"到凤楼"和"中庆楼"连成一体。这件横贯在两座土楼之间的特殊现代艺术作品，把现代与古代、自然与工艺巧妙和谐地统一起来，给人以很大的视觉冲击力，建成以来就以其独特的魅力蜚声海内外。

　　土楼建筑和传统民居不同，其独特的集合式住宅有着强烈的内向防御性。这种内向的传统文化积淀，给整座村留下了独特的韵味和丰厚的文化遗产，也影响着整座村落每家每户封闭的格局。整座村缺乏交流的公共空间和形成精神凝聚力的场所。

　　一座桥、一所小学给土楼注入新的生命力，在现实生活中激活传统文化，寓意联结过去、现在与未来。溪水之上的桥上书屋，外看有风景，内观有乾坤。桥上书屋不仅是知识的殿堂，还是游戏的乐园。在书屋的

两侧，有一块鹅卵石铺就的广场，一到晚上，村里的妇孺幼儿，吃完饭就来到这里遛弯。还有自发组织起来的各种各样的活动，有广场舞，有木偶戏，人们不需要隔江相望，抬脚走过去，就是另一个天地。

黎里古镇——江南古镇的互融生态

简介

　　梨花三月，南社百年。位于苏州吴江，地处沪苏浙"金三角"腹地的黎里古镇，远衔江南水乡万千风韵，近融长三角生态绿色一体化发展进程，围绕"国际生态艺术小镇"定位，加快纪录片、艺术、文创、博物馆、数字技术等共振赋能，与 12 座古桥、游人、原住民一起，讲述最美的黎里故事。

详情

　　黎里古镇历史悠久，古迹遗存众多，生态环境优越。近年来，该镇秉承差异化发展思路，融合地方历史、民俗文化等资源，打造非遗传承、民俗体验等特色活动，推动了地方历史文化、绿色生态资源融合创新发展，构建出"古镇 + 生态"的发展新格局。

　　具有 2500 年悠久历史的黎里古镇，如今共遗留 4000 多米明清古驳岸、256 座河埠和 254 块缆船石。特别是横跨河上的 12 座古石桥引人注目，正如黎里那句老语所说："出门就是两座桥，三步上下两座桥。"站在河边看桥是风景，站在桥上看河亦是风景。全镇至今还保留着弄堂 115 条，其中暗弄堂 90 条，超过百米的 11 条，堪称江南古镇之最。古镇核心区范围为 0.69 平方千米，保留明、清、民国建筑 9.7 万多平方米。

　　黎里古镇最新的发展还涉及智能服务。黎里古镇为景区内的客房、餐厅、游客服务中心配置以机器人服务为特色的"智慧"服务体系，具体包括机器人查房、机器人送餐、机器人咨询服务，以及 5G 无人机物流系统，推动旅游数字化转型，全面提升了旅游服务水平。

如今的黎里古镇，以文旅融合、数字赋能、绿色示范、主客共享为发展理念，以"旅游+""5G+""生态+""共享+"为核心发展路径，以农、文、旅融合打造多元生态产业链条，按照景社共融理念提升原住民生活品质，挖掘地方文化，打造国际生态文旅示范项目。

第四届安仁论坛·分论坛二上的主题对话

理念、标准与路径——特色小镇"小而美"的美学取向及评价指标体系建立

　　第四届安仁论坛·分论坛二上的题目为"理念、标准与路径——特色小镇'小而美'的美学取向及评价指标体系建立"，对话环节由中华文化促进会主席王石主持，中国社科院研究员、国际美学学会总执委刘悦笛，中国美术学院油画系副主任、教授、博士、硕士研究生导师赵军，光明日报文化产业研究中心副主任、高级记者张玉玲，同济大学建筑与城市规划学院建筑系副教授、博士生导师刘刚，ZAG architecture 白山建筑设计创始人、主持建筑师克里斯蒂亚诺·比安奇，WACA 世界华人建筑师协会城乡特色学术委员会副主任委员、建筑学博士、建筑师李向北，中央美术学院中国公共艺术研究中心副主任武定宇等嘉宾参加，并从不同维度和高度做了精彩的对话。在如何制定小镇美学的标准，如何处理好美学与乡村城镇经济发展之间的关系，如何避免艺术、美学将乡村小镇作为实验场等问题上，对话嘉宾们进行了开放式的阐述，不乏观点的交锋与激辩。但"小而美"的追求，是这些中外对话嘉宾普遍的共识。

　　主持嘉宾　王石　中华文化促进会主席

　　对话嘉宾　刘悦笛　中国社科院研究员，国际美学学会总执委

　　对话嘉宾　赵军　中国美术学院油画系副主任、教授、博士

　　对话嘉宾　张玉玲　光明日报文化产业研究中心副主任

　　对话嘉宾　武定宇　中央美术学院中国公共艺术研究中心副主任

　　对话嘉宾　李向北　WACA 世界华人建筑师协会城乡特色学术委员会副主任委员

对话嘉宾　克里斯蒂亚诺·比安奇　ZAG architecture 白山建筑设计创始人

对话嘉宾　刘刚　同济大学建筑与城市规划学院建筑系副教授、博士生导师

王石：各位嘉宾，大家好。去年在安仁论坛上我提出了一个关于建立小镇美学的评价体系的想法。经过一年的时间，郭杰副主席、安仁智库和我们的评委做了很多工作。我知道他们非常的努力，而且几次开会研究，现在终于呼之欲出，要评出我们的小镇美学榜样，我就不在这里多说了，我们尽快开始。我希望我们能有更深入的对话，我参加了很多论坛，可是对话环节一句对话都没有，主持人说完了以后，每个人做一个简短的发言就结束了。我希望对一些问题能够有更好的交流沟通，甚至我也希望听众在最后环节可以举手向我们的评委们提出你们的问题。现在有请刘悦笛老师。

刘悦笛：非常感谢王石主席，也非常感谢您去年关于小镇美学奖的提议。今年我们提出"小镇美学榜样"，我们把宗旨拓展成 16 个字，"以人为本，生态和谐，既小且美，创造标准"。我们目前还在寻找中国小镇美学榜样的标准是什么。

王石：你们觉得在小镇领域，其他的国家有这样类似的标准吗？或者类似的奖项吗？

刘悦笛：在国际上也有，叫艺术小奖的比较多，叫小镇美学的比较少。我们既希望符合中国本土特色的标准，还想过几年将它推到国际上，真正把中国文化输出去。大家总是觉得为什么要评小镇美学奖，是不是觉得美学这个词比较虚，其实不是，小镇美学奖在中国特别有针对性，主要针对几个方面。比如在美丽乡

村建设中，很多城市的公共艺术家到乡村里面涂一个墙面就觉得是美丽乡村了，而没有照顾我们本土人民的生活。再比如我们特色小镇里面有很多文旅的项目，里面全是旅游的景物，全部是旅游商品，本土人在里面不居住了，失去了本土人的生活，这个恰恰也是我们小镇美学奖非常不想做的。为什么？因为小镇美学奖就是生活美学，现在中国的主要矛盾是人民日益增长的美好生活需要和不平衡不充分的发展之间的矛盾，美好生活指的是两种生活，一种是好的生活。一种是美的生活，我们用小镇美的生活提升小镇好的生活，也就是用有品质的生活去提升有质量的生活，这是小镇生活中很重要的内涵。

王石：谢谢。刘悦笛先生是我们中国社科院哲学所的研究员，同时是国际美学学会的五位执委之一。我们这次小镇美学奖的评选，他起了很大的作用，我们用掌声感谢他。请赵军说两句。

赵军：首先很感谢，其实我去年来参加了一次这个安仁论坛，当时王主席讲到小而美的时候我在现场，当时就觉得这个主题很贴切。

王石：去年你为什么来？

赵军：去年我们还有一个艺术的活动。很荣幸参与这个活动，上午很多专家也有讲到浙江的模式，中国美院就在浙江，我们学院的建筑专业和环境专业在近三到五年中参与了非常多的千万工程项目，包括如何关注乡村的文化和保护文化的概念。在这次评选的过程中，有一个很重要的点就是改变原来大建大造的方式，变成小调小动的方式。"小"不只是在行为，它其实还有一个意思，就是把它真正深化到我们日常的生活情态和形态里面。刚才讲到民风的问题、民俗的问题，其实这些问题很重要。我们这次采访了很多的专家，包括从事古镇保护的阮一山先生，他讲到了一个很重要的点，这种小调小动是对传统文化继承的路径，如果破坏了这个生态，就无法理解农耕文明所形成的一系列的生活方式和美学。这个是很重要的点，也是我们这次在评选过程中把握的基本理念之一。

王石：阮先生去年参加了我们中华文化人物的评选，也是小镇的功臣。他曾经为了保护很多的村落和小镇，在机械要拆迁的时候，他躺在地上，说要拆迁的话就从我的身上压过去。我们请张玉玲女士说几句，她是光明日报文化产业中心的副主任。

张玉玲：我今天坐在台上胆子特别大。

王石：我上午说我做主持人叫在劫难逃，去年是我提议做这个题目，今年郭杰说让我来主持，不来就说不过去了。

张玉玲：可见这个规格之高，还有段总亲自在下面听，也让我们诚惶诚恐，段总在全国做华侨城做得非常好，我今天第一次接触你们提的小镇美学的概念。今天在场的都是专业人士，我是唯一的媒体；今天台上都是男士，我是唯一的女士。言归正传，我肯定以媒体的视角看为什么评小镇美学榜样，为什么做这个奖。既然王主席说要对话，我就提一个自己的疑虑：小镇美学是没有标准的，我们知道各美其美，合而不同，现在要做成一个标准很难。王主席和刘老师做了一个特别有挑战性的工作，我自己作为一个媒体人的感受是，你们提出的"小而美"是非常好的概念，而且特别符合实际，因为前一段时间我们各个地方评选的特色小镇饱受批评。你们提出的小镇美学就是让我们的特色小镇有它自己的内容，有它自己的灵魂和文化。你们的引领，能够让我们的特色小镇建设上一个新台阶。

王石：谢谢张玉玲女士。

刘悦笛：我必须回应一下。小镇美学一定有标准，我们正在形成这个标准，这个标准非常多元。我先剧透一下：明天下午我们小镇美学 10 个最佳榜样要发布，这些是我们从 30 个案例里面，经过国内外的专家评审出来的。这 10 个里面，既有古村落的保护，也有平地造小镇的例子；既有以自然景色为主的小镇，也有以人工建筑为主的小镇，它的标准非常多元。我们评的时候范围涉及中国东西南北中，甚至包括新疆。

张玉玲：多元的标准就是没有标准。

刘悦笛：中国文化恰恰是一个多元一体的，各民族的统一，本身就是丰富的，而且中国整个脉络就是变化的。

王石：各有各的美。

张玉玲：我只是提出一个疑问，我相信刘老师有他们自己的美学功底和美学支撑，能够把不是标准的标准做得更好。

刘悦笛： 我还有一句话，各美其美，美美与共，这就是我们的标准。

武定宇： 我是武定宇，来自中国公共艺术研究中心。我其实是从事公共艺术的，这次我也是申报了美学小镇，并告诉我入选了。我们从事城市公共艺术创作的过程中要思考这些问题，特别是刚才提到的数量很多，但高质量的少，有规模，但没有高峰。我们不知道最终的结果，我还在等着最终的结果。

张玉玲： 你们可以把规则向社会公布一下。

刘悦笛： 我们搞了一个新闻发布会，发布了一个初步的标准。

武定宇： 没有高峰，更没有高原。我们刚开始申报小镇的时候，美学小镇中的"美学"两个字把我们吸引住了。我们对当前城镇，特别是对乡镇的认知，在美学这个哲学体系的引领下会更加引人关注的。其实我们觉得做城市公共艺术的时候注重城市的公共性，在研究的过程中发现城镇的发展是由内而外的发展，不是我们强加的。乡镇中应该有城的美，也应该有历史的美，还应该有自然中的美，这几种美应该怎么创造和保护，方法是截然不同的。我们在项目中注重这个变化，一个乡镇一定要有城市化进程的影子，一定要有城市人民生活的信息，这是老百姓需要的、向往的，一个城市要有传承的、保护的东西；同时，如何用你艺术的方式引领自然所留给它的唯一的东西，这种艺术、美学在小镇建设中起到的文化引领的作用是非常重要的。其实，艺术家有时候不是植入个东西，而是把思想带进去，甚至把这里的人培养成具有审美的意识的人，保护美和宏观美的精神，这个是核心的，而不是在于政府投资了多少钱，这个地方有多少的高楼大厦。一个很贫穷的城市，其精神层次更高，这是美学小镇应倡导和弘扬的地方。

王石：谢谢您，请向北先生。

李向北：郭杰主席请我来还有一个重要的原因——我在安仁镇出生，就在地主庄园。我跟安仁镇有特别浓厚的感情。我大学研究生刚刚毕业的时候留在重庆建筑工程学院，那个时候是单身，我昨天还跟接我的司机说，那个时候我还经常打飞的，周末我没有事的时候到双流机场，再打一个出租车。我还记得那个时候满院的桂花香。我们见证了这个城市的成长，从冷落的年代到繁荣的年代的成长。我特别有兴趣关注"小而美"这个话题。各位也做了很多的研究，我是刚刚开始关注。我觉得至少它可以形成一个共同的纲领，可以形成一个基本的共识。我们以前研究了很多的城市，我们这个专业委员会是去年在后面加的"城乡"。本来是城市设计特色委员会，后来发现只做城市不够。我们能不能做乡村？把乡村统一起来考虑？所以，我觉得其实对于建筑师来说，我们是比较感性的，但是有时候要突破一些常规。如何去突破？重要的是要找到一个方法。我刚才看到我们的嘉宾介绍了很多的方法，比方说形态学的方法、建筑类型学的方法、还有其他跨学科的方法，用这些来探讨一个未来的特色小镇"小而美"的美学基因是什么？在安仁的基因是什么？在白山黑水的基因是什么？在江浙的基因是什么？这是我们共同的追求。如果每个人、每个规划师通过这方面的努力，形成个体的案例，最后就会形成对特色小镇的贡献。从我的角度来说，沿着一个路径去进行具体的实践，然后在这个基础上总结共同的纲领、共同的大纲和共识。

王石：刘悦笛也说过小镇之美的类型非常多，多得数不过来，但是这中间一定有把它们相互联结在一起的某种共同的东西，一定有某种能够把它们从具体的表象中抽象出来的东西，这恐怕需要一个过程，也需要我们的美学家们认真思考。你认识江碧波吗？

李向北：认识的，小时候我叫她江阿姨。

刘悦笛：你觉得计划经济时代的安仁美一些，还是市场经济时代的安仁美一些？

李向北：小时候的记忆犹在，那个时候都很天真。我们从地主庄园到安仁中学上学，中间路过田野，然后经过一个小桥。学校操场周边都是田野。中间有一段时间我觉得小镇比较杂乱。后来我几次回来，有时也带着父母，突然发现这里发生了很大的变化。这个变化不是无序的增长，而是像我们健身一样在增强自己的肌肉。

王石：这里还有乡愁吗？

李向北：有，我父亲经常碰到他的老朋友，有照相馆的老师傅，还有街上剃头的师傅。

王石：我们应该为华侨城鼓掌，因为他说这里还有乡愁。下面要出场的是克里斯蒂亚诺·比安奇先生，他是一个著名的建筑师。刚才提到"小而美"，我说明一下，"小而美"是国家发改委对特色小镇的基本要求。

克里斯蒂亚诺·比安奇：大家好，我是来自意大利的建筑师，我平时工作在中国和意大利两个国家。近 9 年我在中国开展我的事业，今天我想跟大家讲一下我对意大利小镇的看法。我来自意大利的一个小城，叫埃尔萨谷口村，这是一个非常小的城市，只有 2 万居民。在外工作多年之后，我现在重新回到了我的城市，我的家乡。在二战之后，意大利的经济经历了一段时间猛增，接着便面临经济的危机，就是我们早上提到的相关话题，人们偏向离开大城市回到小城市生活。我们意大利有很多小城市，大城市不多。意大利大部分的人口居住在小城市和乡村，对于小镇发展的诀窍，我们最开始是找到的路径是发展高质量的农业，比如说葡萄种植和葡萄酒酿造的行业，还有就是我们的乡村旅游行业。我们刚才提到的主题是"小而美"的城镇，我觉得意大利的小镇已经是非常美了，这个是我们的先天优势，我们可以跳过美的方面，直接讨论我们小的形式。

当我们的遇到工业危机开始的时候，我们经济转型的一个转型的点就是文化行业，就是旅游行业。其实城市最初的意义就在于它是一个联结众人的节点，现在由于新的通信方式，人们可以在小镇居住，也可以很方便地工作，没有必要再到大城市。就像王石先生早上说的，文化是非常重要的方式，意大利的小镇缺的是最真实、最直接的文化体验。现在在我的城市里面我已经加入了当地政府的文旅协会，我会举一个实例说明我的观点。其实我所在的埃尔萨谷口村在近 10 年来和旁边的 5 个小镇举办了一个文化项目，是跟现代艺术相关的，然后这个项目 10 年来引进了 60 个国际知名的艺术家，为小镇创造了 70 个艺术品。这些作品有的在乡村里面，有的在小镇中心，这些作品将会永久保留下来。我们都知道意大利是个古典文化非常丰富的国家，我们现在比较缺的是当代的文化。不管是古代的文化，还是现代文化，都是当代文化，我们希望为我们的后代留下一些可以记住的艺术品。有很多的艺术家来到我们这边，还有中国的艺术家蔡国强在我的城市建造了一个永久的艺术品。这样的一个项目其实也吸引了很多世界级艺术家来到了小镇里面，比如法国艺术家也在我的小镇建造了世界闻名的景点。一些国际性的艺术家使得人口回流，更多的公司提供了就业的机会，也使我们的这些非常小的城市走向了世界。我们接下来会介绍一个具体的实例。

王石：可以打断一下，等一会再说。

克里斯蒂亚诺·比安奇：我也不想说更多，听了大家的发言之后，关于对美学标准的讨论，我觉得每个地方因地制宜提供自己的标准，这样就会有更久的时效性，可以使这个标准延续下去。

王石：刚才克里斯蒂亚诺·比安奇先生谈到小镇的时候用了一个词语叫"作品"，这个让我想到了很多。这个作品和一般意义上的建筑设计是不一样的，和一个艺术家完全根据自己的想象和灵感创作也是不一样的，因为它面对的往往是一个有继承的、有历史感甚至是长久历史的一个小镇，它的任务可能就没有那么自由。他想将小镇打扮成什么样，或者添加什么，或者减少什么，我觉得这个里面对艺术家的考验是非常大的。他要对小镇有一个很准确的认识和理解，通过他的工作能够凸显这个小镇独有的历史感和精神，以及风格等。

刘悦笛：我补充一下，意大利人讲的只是小镇美学的一种方式，用艺术家来盘活小镇，比如请的中国艺术家蔡国强。纽约大都会水磨展之后他请我们到工作室的东村，我说你在美国做这些艺术吗？他说他在家乡做。艺术家通过作品，通过入住小镇的方式把小镇盘活起来。

王石：我必须说一句，意大利如此热情地呼应"一带一路"，我们是非常赞赏的。我想在这里做一个广告，明年的 9 月份，意大利的经典车委员会和文促会有一个合作，有 50 辆经典车（老爷车）从意大利的威尼斯出发，经过 11 个国家，最后到达西安。这个车队到达西安，希望可以来华侨城，让我们一起迎接这个非常隆重的中国意大利马可波罗经典车拉力赛。

刘刚：谢谢王主席和各位老师，以及在场的朋友们。我是理工科，我是同济大学建筑与规划学院的，我习惯书面发言，话语方式可能跟文化人不一样。

王石：同济是我们大家都知道的关于建筑方面最重要的学府。

刘刚：我本科是 1992 年进的大学。过去 20 年中国的快速城市化过程中，我们确实做了很多事，但是我们也有反思的地方。谈到美学，我个人是从事城乡建成环境的更新发展工作，这 20 多年我一直做这个事情。我通常用价值来替代美学这个关键词，所以我们是以价值为中心。在我的看法里面，小而美，"小"就是意味着多主体，有活力;"美"从我的视角来看，比较偏空间和时间，既属于过去，也是面向或者属于未来。今天我想从美学的文化视角探讨城镇化发展和乡村振兴，我讲三个关键词，一个是历史现象，一个是城镇化的发展规律，一个是我们的实践对策。我简短报告一下我的思考。第一个历史现象主要讲城乡关系，在中国传统历史上，城市和乡村是一个平衡的关系。与城镇相比，乡村是涵养文化和人口聚集及经济活动的基地，这种城乡关系是中国历史的特色，也是我们和传统西方文明的差别。从城乡文化入手，我有一系列的问题，平时我也经常问自己，现在的文化重心在哪里？在文化形态的分布特征。

王石：您说的文化重心指什么？

刘刚：我主要放在城乡关系上，从城市空间和乡村空间来看，文化的活动和文化的价值发生在哪里？我的答案：我们应该发展平衡的城乡关系，在信息化和交通物流革命性的现在，城乡的平衡发展不仅是我们的历史文化基因，也是未来的特征，这是我的第一个看法。发展规律方面的关键词就是驱动力的问题，此时此刻，相对过去 20 多年，我们经历了一个变化。

王石：您认为我们在城乡平衡这个问题上，现在城市和乡村的距离是拉大了还是缩小了？

刘刚：我认为我们是处于比较平衡的关系中，在过去计划经济的历史，城乡的差别一度是比较大的。在今天，事实上我们是比较平衡的，而且未来平衡的城乡关系是我们的目标，这个是我们的基因，也是我们未来的模式。另外，发展规律这一块，我们现在处于从一种空间快速扩张的增量的城市化向存量的模式转变，特别是在我做的更新领域，属于一个线性发展驱动力的组合。我把线性发展驱动力的组合归为"文化驱动、资本驱动和体制驱动"三驱动的模式，文化是吸引人口集聚的首选因素，这一点在今天很重要。另外就是它能带动更多资源的集聚和新型治理模式的形成。对我个人而言，我也在思考这个问题：除了旅游以外，我们还有哪些文化资源在得到合理利用的前提下会吸引人们到乡村定居？艺术家和艺术活动肯定是其中重要的线索。最后一点可能有一点挑战性，它的关键词是土地利用。从空间规划和设计的角度看，它与我们中国传统的有机模式如社会的有机、功能的有机、景观的有机不一样。我们中国今天覆盖城乡的土地模式是规划统筹的强干预模式，这个里面要有"三个避免"，这是我从日常的工作中总结出来的。我觉得三个避免很重要：第一是避免土地利用的短视和随意，这在小镇很重要；第二是避免空间资源和文化资源的低效开发和透支；第三是避免单一的主体，特别是大型商业资本过度强势。这是很迫切的任务。我们要调动更多的小型主体参与发展的积极性，需要探讨一种共同治理特征的土地利用治理模式。我经常和决策人探讨的一件事情是希望他们慎重利用、慎重征收和规划，因为它们会带来集中的、大规模的、快速的、甚至是不可逆的变化。对规划和设计的结果保持敬畏，这是我的专业价值观。我也希望更多的开发商和决策人、文化人一起关注这个事情。最后一句话，为什么要探讨土地利用？文化发生在这个土地上，我们有的文化将来会继续在这片土地上发展。今天我们谈的"小而美"不是视角形态，而是内涵，强调的是可持续的文化保育和产生，强调文化的原真性，以及强调参与主体多样性的城镇化和乡村振兴的模式。

王石：谢谢刘刚教授。对"小而美"的解释，谈了他自己的看法，展现了一个专业人士严肃的思考。他所提出的关于土地利用的问题，对专业保持敬畏的问题，都是特别有分量的思考，我们再次鼓掌向他表示感谢。我想在座的各位可以互相提出问题，比如刘刚教授刚才讲到的问题，不知道有哪位想要回应一下的。

刘悦笛：我既是回应也是提问：关于土地的问题，其实涉及土地利用和土地改造的问题，我们非常担心的是，现在很多的城乡改造把自然水系都改变了，当然不仅仅包括水，还包括土地、湖、草、土等部分。现在在城乡平衡的关系中，现在出现了一个趋势，即把城里的模式硬生生地搬到乡镇去，包括建筑、院落，甚至卫生间，他们觉得这就是一种改造。这就造成了一个非常重要的结果，也就是问题所在：现在中国面临一个很大的问题，就是千城一面。我们的开发商把中国的城市变得都是一副面孔，我最担心中国变成万镇一面、万乡一面，这恰恰是小镇美学为什么讲生态的、和谐的、以人为本、适合人居住的原因。我想问问几位，包括王主席，怎么避免万乡一面、万镇一面的现象？

王石：这个事情我相信是这么多年以来大家共同的烦恼，虽然由来已久，不是今天才开始的，但是我还是希望各位表达一下。

赵军：我简单说一下。这次的评选我有幸参与了所有环节，里面很重要的一点，刚才新华社的老师也讲到了。我一直觉得我们在设定标准的时候，应考虑到类型不一样。我们是来自艺术学院的。

王石：有不同的类型吗？

赵军：有不同的类型。我提一点，就是过度设计，实际上这个设计的理念，我相信在座的很多专家很容易理解这一点。其实现在以保护和挖掘为基础做的开发，有一个很重要的原则，即是能不能深化到小镇当地的文化和民俗系统里，挖掘出它的可能性。其实艺术的提升有一点很重要，比如一个瓦，它的价值是这样的，但是它经过艺术创作或者改造后，它的价值将出现很大的提升。问题在于它反馈给艺术学院或者实际艺术教育者的时候，我们怎么把这种潜移默化、胜物而不伤物的理念加以运用，这在设计界是很重要的秘籍。也有人把它叫作零度设计，这将成为小镇美学很重要的标杆和原则。

关于类型的问题，你只要尊重。比如有的是来自苏州的，有的是来自新疆的，每个地方自然会形成差异性的文化。能不能把差异性的东西通过艺术的力量演化出新的可能性，这在院校看来是很重要的命题。改变了强设计的方案进行城镇化的改造，这一点也是未来小镇美学很重要的原则。

王石：非常好。刚才问你类型的时候，我脑子里想到了在茶馆喝茶的时候看到的装修和设计。这也体现了一种类型性的风格，里面有很多很明显的中国传统造型的元素、颜色等。可是你感觉到它不是从前的建筑了，不是从前的室内装潢了，而是很有当代感的，并且到处都是一样，特别是高档的茶馆和餐厅。我不知道是从哪开始的，但是我感觉都一样，很相似。哪位想说一说。

张玉玲：我想说一下。其实我觉得我们的小镇可能经历了不同的阶段，特色小镇比较乱的时候，我给它总结了叫政府派。政府可能做了一些不好的规划设计，做成了烂尾工程。现在则进入了学院派时期。

王石：你说过去是政府派。

张玉玲：是由政府主导的，可能不准确，政绩工程可能多一点。而刚才意大利的嘉宾说它是作品，我觉得乡村不仅仅是学院派里的试验场，与其叫作品，我更愿意叫它生活。我觉得这块土地上的人怎么生活、他们选择什么更重要，我更愿意看到的是我们在美学标准上的治理体系的变化。

王石： 所以他就提倡生活美学。

张玉玲： 对，是一种生活，更重要的是一种治理体系。比如有华侨城这样强势的企业参与进来，很多小组织也参与了进来，它是新的社会治理的进步。我觉得应该上升到比美学更高的层面看待城乡化，这可能是新的角度。

武定宇： 其实这种应该是和而不同的感觉，我们强调的理念是和的概念，每个小镇在美学上有不同的着眼点，和而不同找的是"和"的标准。我听各位老师讲的时候在想如何建设一个小镇？如何能够专心做一个小镇？我们刚开始做阿拉善的时候，他们并不搭理我们，他们并没有想到我们 22 个人在这里待了 8 个月，他们的市委书记和市长说，你们对这个城市的认识非常深刻，让我们体会到什么是概念。其实各位老师在讲的过程我也在记，我觉得建设一个小镇就是要深入生活、扎根居民。如果你做一个小镇只是为了挣钱，那么这个艺术家就别做了，很多方法赚钱比这个快多了。小镇必须深入生活扎根人民，你甚至要成为那里的人，他们的生活习惯、习俗和忌讳的东西，你得非常清楚。你要了解他们，同时你要高屋建瓴，你有你的知识体系和价值体系。后来那个城市成立了两个委员会，他们成立一个艺术城市咨询委员会。我们还设了一个办公室，所有做的项目都要到我们的委员会过一遍。所以，在美学层面上，我们可以帮他把控一下城市的色彩，我们艺术不可能改变太多的东西，也不可能让一个城市拥有那么强的经济复苏能力，但是艺术可以在精神层面上、形象层面上，还可以在文化生活的层面上，给这个城市一定的标准和可能，最起码不要让它走偏了。我们以专业的视野来看待它在文化和艺术上如何发展。有可能我们的某些专业不是最强的，但是通过我们的平台可以对接最适合他的单位，所以我们叫咨询委员会。我们是横向的管理机制。我们的咨询委员会不光有雕塑家、艺术设计者，还有规划、建筑、灯光、生态、文学方面的专家。我们一起对接，形成横向的机制，来服务这个城市。当然了，我们是从艺术的视角来服务，关于经济、投融资我们不懂，我们也不说，但是我们通过我们的视角看待这个城市，世界一下子就变了，这个城市也变了。

王石： 我上午发言的时候说了这个世界充满了悖论，你刚才讲的也是。第一，只有当地的人才理解和认识当地的生活，才有真实的体验；第二，只有外面的人才能更加深刻地理解这个地方，这一条也成立。其实这是一种超越，你超越了当地人，这个超越不是下车伊始，艺术家对一个空间的感觉和认识比普通人更加敏锐和有高度，我非常相信这一点。

刘悦笛： 而且他们不是送文化而是重文化，小镇的美从当地人的生活中生长起来。

王石： 对，从当地人的生活中生长出来。

李向北： 这种不是一蹴而就的，可能需要十年二十年。并不是说在生长的过程中不能呈现生命的状态，这个生命的状态是一直呈现的，而不是等到 20 年以后大家才说它很美，不是的。就像我们画画，我们画一个长期的作业，哪个阶段画得好，老师会说你画得不错；如果画到最后还是不错，才算是好的。前段时间我去了日本，魏元武大师在国内很受尊重，我发现那个小镇有他 6000 多个作品，如果抛掉这些作品，你会发现这个小镇跟其他地方是一样的。因为有了这些作品，它的文化价值产生了。我特别同意大家的意见，现在搞一个小镇就找一家规划单位去做，其实是远远不够的，规划单位怎么可以把所有的东西做出来，不可能的。我记得 2006 年我在美国做访学的时候，建筑大师埃里克·欧文·摩斯当时在做墨西哥一个小镇。他们说这个地方有哲学家、数学家、规划师、艺术家，特别棒，因为在海边，他们首先不是像我们做规划时那样去修一条路，而是研究怎么样取水，把海水淡化了，然后在这个基础上建设一个海滨城市。我认为他找到了核心的东西。既有非常落地的技术层面的东西，还有关于这个城市的抱负和理想。

王石： 谢谢。克里斯蒂亚诺先生，你还要告诉我们什么吗？

克里斯蒂亚诺·比安奇： 我之前说到了，我们之前讨论的是美学的标准，我在大家的讨论中有所感悟，我们美学小镇的发展经过了不同的阶段，之前也有嘉宾提到，其开始的阶段是由政府主导，后来渐渐变成了有艺术和文化的参与。其实艺术代表着人民，代表人民中的一些创造力和多样性，这也是可以持续下去的东西。这也呼应了刚才和而不同的形式。所以我们在小镇和城市发展中，也需要寻求和而不同的东西。

刘刚： 李老师提出了千城一面，我对这个东西很感兴趣。这 20 年，我听了很多这种话，一个时代用一种方式发展建设环境是很正常的，它有时代的特征，放在空间上可以看到不同时代不同类型的耦合。为什么今天人们对千城一面有那么多的意见，特别是情感和视觉方面的意见，主要是因为这种模式很有问题。这个问题其实每个人都有自己的理解，对于建筑环境来说，就像刚才我分享的看法，价值是很重要的。我们有一个很有名的建筑师说过一句话，他是 20 世纪 70 年代初纽约的建筑师，他说如果这件事儿我做对了，它就是很美的；如果这件事做得不对，结果肯定是不好看的。我很喜欢这句话，美的东西有一个特征，即它是复杂的。如果从哲学角度来看，可能各位老师有更多的认识。我是理工科的，我试图搞清楚一些事情，它们有一定的复杂性，但是今天看到的模式，中国以地产为特征，虽然是比较简单的，但是有效。它突出的不是复杂性，它突出的是矛盾性，但是很多人认识不到这个矛盾。也有很多人意识到这个问题，对美提出了质疑。

那怎么把一件事情做对。我来自上海，我们很仔细地研究了上海的城镇化。从 19 世纪中叶以来，上海从租界开始城市化，英国人建立的体制最后影响文化成果的关键词叫"因俗而治"。我觉得现在是从大建设时代开始走向治理时代，开启共同致力的共治模式。共治模式怎么做，特别是小乡镇和乡村。

王石：你说的共治特别好，我在一本书上看到说，世界已经慢慢走向国家行为体和非国家行为体共同治理的方向。非国家行为体就包括了非政府组织、跨国企业、基金会、研究机构等，这些都不是国家行为体，但是他们参与到整个治理中，会使国家治理显得更加正确。

刘刚：是的，对，而且在小镇当中也有因俗而治。小镇美学不仅强调审美，还强调伦理，保存一个共同体。地方小镇的风俗、伦理、习惯，这也是小镇美学中的应有之意。我接着王石主席所讲的悖论说，我们到底是用"集镇"还是"城镇"这个词？以后中国乡镇的发展到底是以城市为中心还是以乡镇为中心？我觉得这是一个重大的矛盾。但是通过这次会议，还有倾听了这么多的专家发言，我意识到一个重要的转变。我们进行了这么多的特色小镇、文旅开发、美丽乡村建设之后，有了一个重要的变化，也就是建了这么多的地方，开发了那么多的地方，我们开始关注如何注入内容，注入文化，注入审美，注入生活。就像现在城里卖房一样，卖品质变得更重要了，而不只是卖一个居住的地方。如果小镇美学是多元化的，不是因为美学是多元的、审美是多元的，而是因为每个地方的人有各自的生活。所以，为什么要强调生活是自然而然生长的？因为只有在自然而然的基础上才有美的产生，才有小镇的美。所以，中国提倡小镇美学，是一个生逢其时的事儿，正好借着国内大环境，打造出中国式小镇美学的标准。中国既是礼仪之邦，也是礼乐之邦，我们可以在感性和理性之间找到特别好的平衡。小镇美学家也是这样，他们在走中国自己的路。他们要去发现中国的乡村建设到底应该怎么走，我们还是以自我为主体。这就是您上午讲的，中国是什么，中国是一个拥有农本文明传统的国家，它崇尚以农业文明为本的文化。尽管我们经历了现代化、工业化、后工业化，但是中国的"本"深深植根在中国这片坚实的大地上。小镇美学的出现就是在本土的基础上阐发传统，并实现现代化、创造性的转化与创新性的发展，没有一种传统是旧的，包括茶室，都是被创新的、更适合当代的。没有人喜欢 150 年前的中国，因为那个传统已经不适合了，那是旧时的文化。每次复古都是一次创新，小镇美学就是反本开新的过程。敬请期待明天下午。郭副主席带的团队在这几个月内非常辛苦，他们做了非常多的工作。我们为了呈现 10 个小镇做了非常好的视觉呈现，大家一定要参加。我不会剧透的，因为所有人都签了保密协议。10 个小镇里既有天下知名的小镇，也有不那么有名的小镇。但是 10 个小镇自有特色，非常有趣。为了这种趣味，为了中国未来的发展，为了中国美学的发展，期待大家的出现。谢谢。

王石： 我希望我们的小镇美学榜样，是因为我们评上而出名，而不是因为它出名而被我们评上，这样的话，我们的价值就更大了。我在去年提出这个事情的时候，心里没有底，但是今天听了各位的简短发言以后，我心里非常高兴。所以安仁论坛的组委会、国务院参事室、华侨城，我建议大家一起鼓掌来高度评价我们这个团队在郭副主席的指导下所进行的工作，以及我们在刘悦笛老师的指导下所进行的工作，我们感谢他们。

我还想接着上午的话说几句。我讲到文化问题的时候，我并没有延伸开。我吃午饭的时候在想，我们的乡村文化，我们的农耕文化，实际上已经有巨大的流失，这种流失是一个现实。前不久，我们有一个会议是讨论家族和家庭的，他们让我写一句话，我写了一句话叫"家族已经消失，家庭正在弱化"。我说"弱化"的时候想到了玩笑话，庄莹（人名）说我跟我的老公，我回来的时候他已经睡着了，他出门的时候我还没有醒。这个状况是我们现在家庭常常有的，家庭在弱化，家庭成员的关系也在不断地疏远。说到家族，现在我们经常用家族这个词，实际上家族已经没有了，从我们现在建筑、园区、住房设计可以看出，家族已经没有了。唐代诗人刘禹锡写了一首非常感伤的诗，叫"朱雀桥边野草花，乌衣巷口夕阳斜。旧时王谢堂前燕，飞入寻常百姓家。"他说的旧时是什么时候，是魏晋时期。魏晋时期的王家和谢家是大家族，那个时候的家族多么大啊，现在他们家梁上的燕子飞到百姓家了。因为大家族没有了，豪族世家没有了，所以就变成了平头百姓。王谢是两大家族，你们看过的《琅琊榜》里头有一点影子。王家代表人物是王导，当时他跟晋朝的开创者一起开创了晋朝，所以他的权势非常大，据说他当宰相的时期，朝廷里70%的官都是王家的，其中就有王羲之。虽然王羲之当的是小官，但是王羲之的家族不得了。所以有一次北大的龚鹏程教授跟我说，家族的持续光

靠当官不行，还得有一门手艺和特长才能实现文化传承。王家传承那么久，一直
传到现在。现在我到浙江绍兴还能找到王羲之家的后人，他们还在写书法。有个
成语叫"东床快婿"，讲的就是他的故事。王羲之不但自己写书法，他的岳父看
上他是因为他的字写得好，他的岳父字也写得好，他的老婆字也写得好。不仅家
族很大，还有传世的文化，这个家族就传下来了。

　　现在还有家族吗？没有了。现在我们经常说家族，我心想你的家族不够看，
但是文化在。所以，刘禹锡一个唐代诗人都在感叹家族正在消失，到了今天，连
家庭也显得很松散了。现在有相当多的人不选择家庭，这也很可怕。我们单位就
有这样的女孩，非常明确，绝对不选择家庭，说"王老师，不要跟我说这个话题"，
非常明确。所以，家庭、家族是中国传统文化的载体，也是农耕文化的载体，从
家族、家庭的变化中可以看到，农耕文化在逐渐退出我们的社会，确实是这样的。
所以，从家庭来看，我看到一个资料，乡村过去叫古村落，现在叫传统村落，东
多西少，南多北少，为什么？因为中国是斜的。为什么是斜的？昨天我跟航洋（人
名）他们说了，我看到一个资料也跟你们分享一下。大概 6500 万年之前，印度
大陆不知怎么回事就撞上了亚欧大陆，这一撞就厉害了，这个冲击力之大，冲击
出了一个喜马拉雅山和青藏高原，现在还在一直往上走，这个冲击力还没有结束，
把黄土高原也带起来了。这样就形成了西北高、东南低的地势，才有了黄河、长
江，才出现了南方的稻作农业和北方的旱田农业。这一切都是因为那次撞击，那
次撞击决定的事太多，比如把印度洋的暖气流挡住了，造成了蒙古草原干旱寒冷，
但是没有挡住暖气流到达欧洲。成吉思汗才不平衡了，怎么你们的水草那么好，
我的不好。为什么要打仗？就是因为草地不好。你说这次撞击制造了多大的事情，
改变了世界史，让我们的文化、财富顺着地势都流到东南边去了，都流到深圳华

侨城去了。

　　有的时候想想，人能够改变的事情太少了、太有限了。特别感谢华侨城，华侨城是我们的中坚力量，是最大的推动者、支持者，让我们的安仁论坛走到今天，我们为安仁论坛感到骄傲，也为华侨城感到骄傲。今天的对话环节就到这里，谢谢大家。